ジェレミー=ベンサム

ベンサム

● 人と思想

筑波大学教授
山田英世著

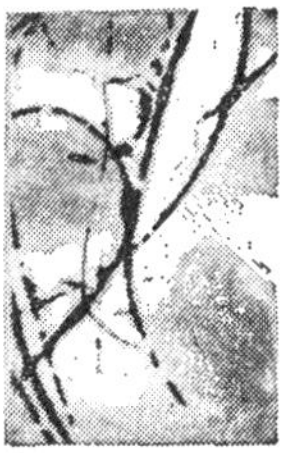

16

CenturyBooks 清水書院

原文引用の際、漢字については、
できるだけ当用漢字を使用した。

ベンサムについて

読者はおそらく「最大多数の最大幸福」ということばを知っているだろう。高等学校の「倫理・社会」の教科書にはかならずでてくるし、「世界史」の授業でも一度はお目にかかることばだからである。しかもこれはただそれを知っているというだけでなく、われわれの日常生活のありかたをきめるのに、一つの尺度として頭においてみたくなるようなことばではないだろうか。もちろん厳密に考えていけば「最大多数」とはなにかとか、「最大幸福」とはなにかという、わかったようでわからない非常にむずかしい問題にぶつかる。とくに「幸福」ということの意味などは、一生かかっても「頭」のなかの理屈ではわからない問題なのである。しかし、とにかく読者は、試験勉強のときには「最大多数の最大幸福」と「功利主義」と「ベンサム」を線でつなぐことを得意としているはずである。

われわれのあいだでは、よほど専門に勉強している者でないかぎり、ベンサムについてはこのように線でつなぎあわせる程度の知識しかもっていないのがふつうである。ベンサムを十八世紀後半から十九世紀前半にかけての世界史全体の流れのなかで再評価してみようなどということは、今この本を手にしている読者以外にはほとんどだれもやっていないといってよい。ベンサムは産業革命時代の人間であり、徹底的に自由主義の立場でものを考え、発言し、行動した人である。かれは根本的には当時のイギリスの産業ブルジョアジーの思想を代弁した。その点は思想上の先輩であるアダム＝スミスや、後輩であるジョン＝スチュアート＝ミルと本質的には同じである。しかし、スミスにはまだいくらかブルジョアジーの経済活動に対する国家（政府）の干渉を認める要素が残されていたし、またミルになると、かなり組織的に労働者階級の要求をとりあげるようになっている。ところがベンサムは、貧困者への同情はもちろんもっていたとはいえ、あくまでもブルジョア的自由放任主義の一線をつらぬいたのであった。それは頑固一徹《がんこいってつ》といってもよいほどである。

したがって、こうしたベンサムの古典的な自由主義の思想を、現在のわれわれの学問や倫理にそのままの形で受容することは不可能でもあるし、誤りでもある。このことはベンサムにかぎらず、古今東西のすぐれた人物とその思想を学ぶときにはいつも注意しなければならないことである。われわれにとってたいせつなのは、思想家たちのことばや行動をただまねすることではなく、一人の思想家がかれ自身の時代と社会がいだく諸問題にどのように真剣にとりくみ、その苦闘において、どのように人間として成長していったかということを学ぶことである。そのような人間学習が、現在のわれわれの生活をすこしでも生きがいのあるものにしてくれる、重要な糧《かて》となるものだからである。

わたしは、昭和三十九年から四十年にかけての約一年間、南アジアの新興国セイロンで勉強する機会をもつことができた。そのとき考えてみたことを生かして、わたしはこの本で、ベンサムを、その植民地論をてがかりとして、われわれアジア人の立場からふりかえってみようと心がけてみた。その成果はまだうわっつらをなでたものにとどまっているが、今後もこうした問題をできるだけとりあげて研究をすすめていきたいと考えている。

なお、ベンサムの生涯については、はっきりしない部分も多いのであるが、金沢大学の永井義雄氏には貴重なご教示をいただいた。あつくお礼を申しあげたいと思う。

一九六七年　初　春

山　田　英　世

目次

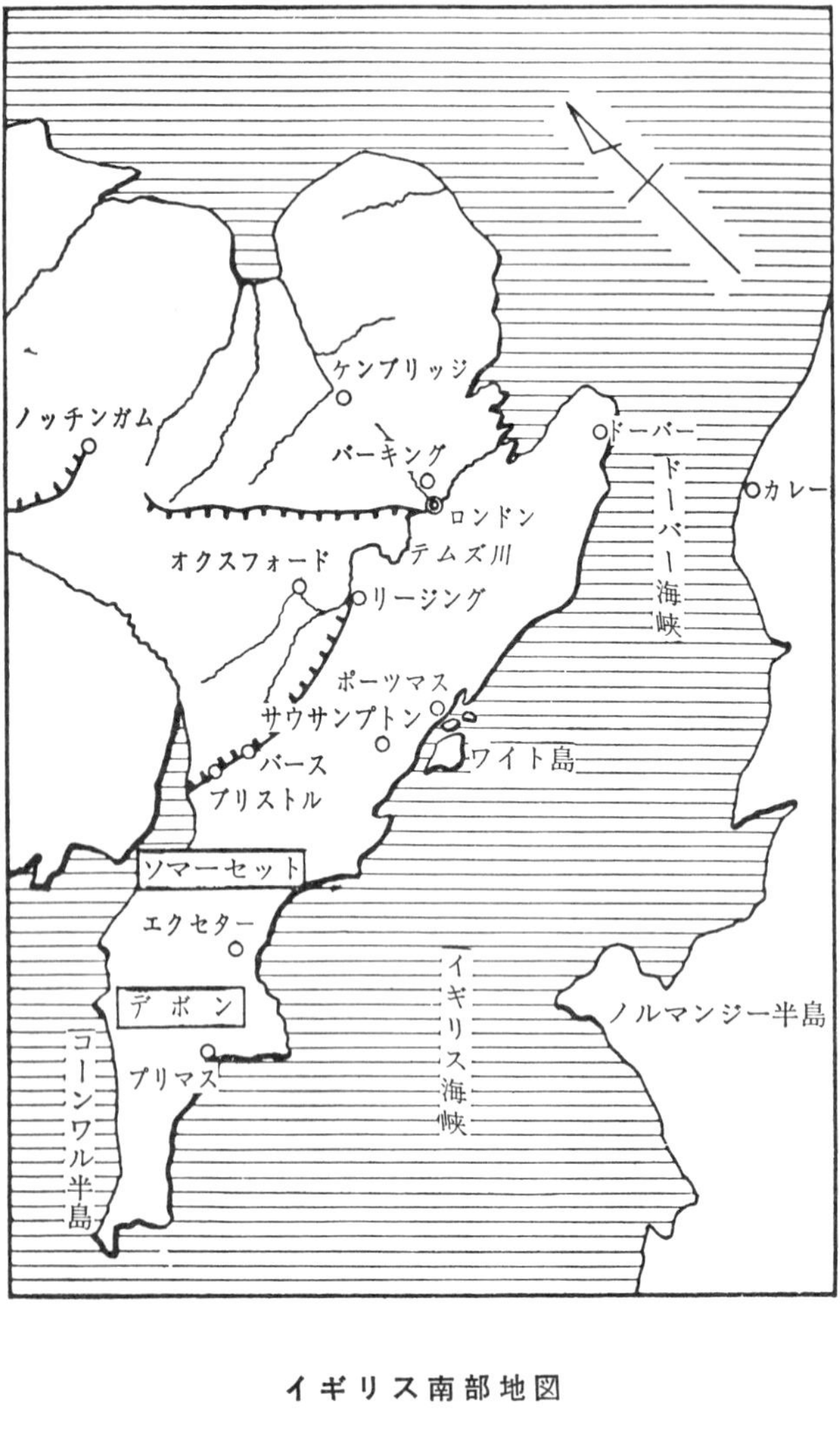
ケンブリッジ
ノッチンガム
バーキング
ロンドン
ドーバー
カレー
ドーバー海峡
テムズ川
オクスフォード
リージング
ポーツマス
サウサンプトン
ワイト島
バース
ブリストル
ソマーセット
エクセター
デボン
プリマス
コーンワル半島
イギリス海峡
ノルマンジー半島

イギリス南部地図

I　ベンサムの生涯

孤独な「哲学者」

夢の大法官

ジェレミー＝ベンサムは、一七四八年二月十五日、ロンドン市ハウンズディッチ区レッドライオン街に、ジェレマイア＝ベンサムと夫人のアリシア＝グローブのあいだに長男として生まれた。曾祖父《ひいそふ》はロンドンで質屋を営み、商売大いに繁盛して産をなしたといわれる。祖父と父はいずれもロンドンで民事事件の代理人などをやる法律家としてかせぎ、富裕な生活をおくった。父は法律家としてはそれほどめだった仕事もしなかったのだが、一方で土地のブローカーをやってもうけたらしく、他人からは「心臓が強く、いつもせかせかととびまわり、野心をいだいた、けちな男だ」とみられていたようである。「人生は押しの一手だ」というのがこの人の信念であった。ところが息子のベンサムが、なかなか父の期待どおりに、「押しの一手」の人生を歩もうとしなかったから、たいへんそれを残念に思ったということである。なまかじりの文学趣味をもっていたが、おそらく不動産の売買をやっているうちに手に入れたのであろう、あの十七世紀の大詩人ミルトンが住んだという家をもっていて、これを自慢の種《たね》にしたものであった。

母のグローブは、イギリス南海岸の港町サウサンプトンから三十キロほど北にはいった田舎町《いなか》アンドーバーで小売商店の娘として生まれた。グローブの叔父《おじ》の一人にウッドワードという人がいたが、この叔父は出版業をやっていて、合理主義的神学者マシュウ＝ティンダルの著書で、既成のキリスト教会の信仰理論を批判した『キリスト教は創世の昔より存す』（一七二八）の出版をひきうけたりしている。母はジェレミーの弟のサムエル＝ベンサムが一七五七年に生まれてまもなく、一七五九年になくなってしまうのであるが、ウェストミンスター－スクールの生徒であったベンサムはふかい悲しみにとらわれた。かれはそののち、一生を通じて母に対するふかい愛情を失わなかったのである。それから七年後の一七六六年には、父は未亡人ミセス＝ジョン＝アボットと再婚することになる。

ベンサムは生粋《きっすい》のロンドン市民の家庭に生まれた。両親はどちらかといえば商売人の血統をうけついでいたが、父が代理人をやり文学趣味をもっていたくらいだったから、家庭内には知的な雰囲気《ふんいき》があった。いささか伝説めいた話であるが、ベンサムは三、四歳ですでに父からラテン語の手ほどきをうけたということである。のちにベンサムの弟子《でし》で秘書の仕事をしたバウリング博士は、「ベンサムが父のひざにのって、ラテン文法とギリシア語のアルファベットをならったものだと語ったことをわたしは記憶している」といっている。とにかくベンサム少年はおそろしく早熟で頭もよかったらしい。かれはそのころから本の虫であった。まだペチコートを着ているようなかわいい子どもにすぎなかったかれが、机に向かい、左右にローソクをともして研究に熱中したのは、フランスの歴史家ポール＝ド＝ラピンの『英国史』（ティンダルによる英訳本が一七四三年に出版された）であったという話が伝わっている。

ほかの子どもたちがロンドンの郊外や下町の小路で遊びまわったり、あるいは、せいぜいおとぎ話で満足しているときに、ベンサムは家のなかでひっそりとラテン語やギリシア語やフランス語を勉強し、歴史書をひもといていた。生まれつき身体《からだ》が弱く、「蒲柳《ほりゅう》の質《しつ》」であったことも、かれを本の虫にさせた原因の一つであろう。五歳のときにかれは、周囲の人たちから「哲学者」というあだ名をつけられている。とにかくこうしたベンサムの勉強とその秀才ぶりをみて、父は将来のわが子に大法官の夢をさえみたのであった。大法官といえば司法官としての最高の地位であり、国璽尚書《こくじしょうしょ》（国家を代表する印鑑《いんかん》を保管する大臣）と議会開催中の上院の議長をかねる要職であって、位人臣《くらい》をきわめたものである。イギリス近代哲学の祖フランシス＝ベーコンも大法官になった人で、哲学者仲間では出世頭《がしら》の一人である。五歳の英才「哲学者」に父親がかけた「夢の大法官」の期待も、けっして無理な高望みではなかったのかもしれない。そしてベンサムが父からうけたこの早期英才教育の方法が、ジェームズ＝ミルに影響をおよぼして、ジョン＝スチュアート＝ミルがその『自伝』で語るような、ジョンに対する苛酷《かこく》なほどのつめこみ教育となってあらわれたのではあるまいか。

テレマコスの冒険

ベンサムは七歳のとき、フランスの作家フランソア＝フェヌロンが書いた『テレマコスの冒険』という小説を読んだ。父がベンサムにフランス語をならわせようとして、やとってくれた家庭教師のラ＝コムブというフランス人が読ませたのである。これはギリシアのホーマーの詩『オディッセイア』に登場するトロイ戦争の英雄（オディッセウス）の息子《むすこ》のテレマコスを題材として、フェヌロンが小説化したものである。

困難に満ちた攻防の末に、やっとトロイの戦いに勝利をおさめたギリシアの英雄たちは、それぞれ故郷に帰っていったのに、オディッセウスは海洋神ポセイドンの息子の目をつぶしたかどで神の怒りをかい、その後長いあいだ海上を放浪しなければならなかった。故郷のイタケーの島には夫のトロイ遠征出発以来、じっとその帰りを待つ妻のペーネロペイアと息子のテレマコスがいた。オディッセウスはすでに戦死してしまったのだといううわさがひろがり、ペーネロペイアのまわりには多数の求婚者があらわれた。求婚者たちは毎日おしかけてきて飲めや歌えの酒もりをひらき、オディッセウスの財産を浪費するのであった。

ハタを織るペーネロペイア

　ギリシアの主神ゼウスは、みずからの愚《おろ》かさがまねいたわざわいを神々のせいに帰して、その神々をうらむ人間の愚かさをあざけるのであったが、ゼウスの娘の女神《めがみ》アテネ（知恵・芸術・産業・学問・戦争の神。ローマ神話ではミネルバとよばれる）は、オディッセウスをあわれに思い、ゼウスにかれを故郷に帰すようにすすめた。ゼウスの承諾をえたアテネは、オディッセウスの友人に姿を変えてイタケーの島にテレマコスをたずね、父をさがしに旅にでるように説きふせた。テレマコスの旅はトロイの戦争が終わってから三年の歳月がすぎたころに始められたのである。それから七年間、テレマコスはエーゲ海上のあちこちを父をさがして歩きまわり、幾多の冒険をかさねるのであった。女神アテネの加護をうけていたかれは、父がまだ生きており、故郷に向かって帰りつつあるという情報をえてイタケーにもどってきた。そこには、ペーネロペイアに求婚した男たちがかれを待ちかまえて殺そうとしていたが、そのたくらみをのがれることもできた。父はかれよりも二日前に帰ってきていたが、すぐに身分《みぶん》を明かすと危険なので、乞食《こじき》に身をやつして、昔からの忠実なしもべであるブタ飼いのエウマイオスの家にいた。オディッセウスとテレマコスは、はかりごとを用いて求婚者どもを退け、ついにオディッセウスは貞節なるかれの妻のもとに帰り着くことができたのである。

求婚者たちは皆殺しにされた。その家族の者どもが武器をもってしかえしにやってきた。オディッセウスは、その友人メントールの姿であらわれた女神アテネの力をえて敵を追いはらい、さらにそれに追い討ちをかけようとした。そのときアテネはいった。

「智謀にたけたオディッセウスよ。ゼウスの神の憎しみをうけることのないように、怒りをおさえてこの戦いは引き分けにしておきなさい。ゼウスの神がそういっておられるのですから」

と。

オディッセウスはよろこんでこのことばにしたがった。そして女神アテネに対して尊敬と感謝のしるしにいけにえをささげる約束をした。そのあいだも女神は、かれの友人メントールの姿をかりてそこに立っているのであった。

フェヌロンの小説ではもちろん、主人公はオディッセウスではなくてテレマコスである。父をさがして何千里、七年間にわたる漂流の物語が美しい文体でつづられたこの小説は、近代的な小説というよりも、むしろ一つの叙事詩であって、ギリシアの神話伝説にでてくる多くの神々や人物を登場させている。この本はしばしば英訳されてひろく愛読されたものであった。

読書

フェヌロンが『テレマコスの冒険』を書いたのは、もともとかれが家庭教師をやっていた、ルイ十四世の皇太子ブルゴーニュ公の教訓用にしようという意図からであった。テレマコスは父をさがして方々の国々と民族のあいだを放浪してさまざまの経験をかさねるのであるが、このあいだに、女神アテネがメントールの姿に身をやつして、影のごとくにテレマコスにつきそってくれた。女神の賢明な意見と判断とは、テレマコスの観察力を高めるのに大いにあずかって力があった。この貴重な経験と観察力は将来のイタケーの島の支配者テレマコスにとっても、また、この物語を読む将来のフランスの国王にとっても、正しい人生の態度、とくに国王の義務と健全な政治の原理について教えるところが多かった。いうまでもなくこれは、フェヌロンがテレマコスとブルゴーニュ公の高貴な地位を考え、その責

女神アテネ像

任を果たすことができるようにと周到に考慮したことであったのである。そしてこの教訓がことさらに自由で、宮廷の権威にとらわれず、近代的でさえあったということと、ルイ十四世の絶対専制的な政治のやりかたを暗にとがめていることとは、フェヌロンの公正さと、権威や権力に動じない独立自主の精神の強さをよく示すものであった。

テレマコスの物語を読むことは、ベンサムにとってこのうえない楽しみであった。おとなになってからでさえ、かれはこの物語を初めて読んだときの感動をいきいきともち続けたのであった。とくに、テレマコスがクレタの島で王位を争ったときの選挙のことについては非常にふかい感銘をうけた。かれは自分の頭のなかで、しかもわずか六、七歳の幼い空想の世界で、自分を物語の主人公になぞらえてみるのであった。その主人公は、完全な道徳をそなえた、りっぱな人間の典型のように思われた。そしてかれの生涯《しょうがい》が今後どのように展開しようとも、テレマコスがかれの模範となるべきであった。かれはのちに語っている。「その物語はわたしの全人格の基礎とみてもよいものである。それは、わたしの生涯がそこから始まった出発点なのである」と。テレマコスがもっていた旺盛《おうせい》な公共的精神に感激し、「最大多数の最大幸福」ということを――このことばそのものはあとになってから発見したものであるにせよ――理想とするようになったのも、この時期から始まったことである、とこれまたベンサム自身が述懐《じゅっかい》している。

かれの両親は、かれに娯楽読物はいっさい読ませないようにした。しかし、かれの読書範囲は広汎《こうはん》なものであって、まじめなもののもあれば、おもしろおかしいものもあった。すでにのべたもののほかに、かれがこのころに読んだ本の例を二、三あげるならば、イギリスの聖職者トマス＝バーネットの『大地聖論』(一六八一)、イギリス国教会派の神学者ウィリアム＝ケーブの『使徒の生涯』(一六七六)、イギリスの年代記作者で考古学の研究家であったジョン＝ストウの『イギリス年代記綱要』(一五六一)、ローマ時代の有名なプルータルコスの『英雄伝』、イギリスの医者で思想家のバーナード＝マンドヴィルの『蜂《はち》の寓話《ぐうわ》』(一七〇五)、小説家サムエル＝リチャードソンの代表作で、堅実な淑徳《しゅくとく》をたたえる小説『クラリッサ＝ハロウェ』(一七四七)などがあった。

子どもの時代にゆたかな読書の経験と習慣をもつことのできる者はしあわせである。もちろん自然のすこやかな環境はなににも代えがたい尊い人生のゆりかごではあるが、自然のなかでのなまの体験をふくよかに育て、たくましい思考力をのばすことは、味わい多き書物に親しむことによって初めて可能となるからである。しかし、ベンサムの時代にかれのような知的環境にめぐまれることは、大部分の子どもたちにとっては不可能なことであった。読書生活は、まだかぎられた少数の貴族や中産階級以上の富裕な人々だけのものであったのである。

蜂の巣の町

ベンサムが生まれたころのロンドンは、はやくもパリとならんで世界有数の大都市であった。ロンドンの町の人口は、十七世紀の初めにシェークスピアの劇がテムズ川のほとりの青天井の小屋にかかっているころには、二十万をすこしでる程度であったが、名誉革命(一六八八)のあと十七世紀の末には、約五十万になったとみつもられている。そして、十八世紀の末になると人口も倍増して、ロンドンは百万都市に成長したのである。

ふつう、近代の大都市は産業革命の結果として誕生したものと考えられているが、ロンドンやパリは産業革命以前からすでに大きな人口をかかえていた。その理由は西洋史家の説明によると次のとおりである。

㈠　ロンドンが中世以来近代までイギリス国内において他に比類のない商業の中心地であったこと。

㈡　ロンドンが十七世紀の末以降ヨーロッパ全体の金融の中心地となっていたこと。これは、もちろん大西洋やインド洋を舞台とする各国の貿易戦争において、強大な海軍をバックにしたイギリスが優位にたったことを反映するものである。

㈢　イギリスの上流階級の人たちが近世以来好んでロンドンに集中し、その結果、貴族あるいは郷士（ジェントリー）の階級の文化がこの町の発達に寄与したこと。この上流階級のロンドンへの移住は、十六世紀のチューダー王朝時代から始まり、十七世紀のスチュアート王朝時代を通じて十八世紀にまでおよんだ。これらの人たちは、田舎ですいあげた富を都会で消費する、いわゆる「不在地主」であった。百姓《ひゃくしょう》たちの苦労をよそにして、かれらはロンドンで料理屋・賭博《とばく》場・劇場に出入りし、婦人は正装して他家を訪問したり、観劇にあけくれるのであった。[1)]

ベンサムが子どものころに読んだといわれるマンドヴィルの『蜂の寓話』は、初め一七〇五年に『ブンブ

1）『英国社会史』上　今井登志喜（東大出版会）三三〇ページ以下参照。

ン不平を鳴らす蜂の巣、またの名「悪漢化して正直《しょうじき》者となる」』という題をつけて売りだされた、価格半ペニーのパンフレットである。ブンブン鳴る蜂の巣とは、オランダ系の移住者であった医師マンドヴィルの目に映った狂騒の都ロンドンを中心とするイギリス帝国をさしている。作品全体は当時の虚飾と偽善に満ちたイギリスないしロンドンの経済、社会、道徳、宗教の退廃ぶりを、痛快に皮肉な筆であばく詩の形式をとった一種の狂歌である。この小冊子はロンドンの街頭で人気をはくしてたちまちベストセラーとなり、それ以来何回も版をかさねて、イギリス思想史上の一つの重要な文献となったものである。

ずっとのちになってからマンドヴィルがこの作品につけた序のなかで、かれは当時のロンドンの町の繁栄の背後にある人間の倦怠《けんたい》と環境の不潔のひどさとを指摘している。「つねに前進してやまぬ無数の商売や手工業に供給されなければならないあらゆる種類の材料のことを考えてみれば――それからまた、毎日毎日ロンドンで消費される莫大《ばくだい》な量の食料・飲みもの、それに燃料。それらからでてくるはずの廃物や残りかす。ひっきりなしに道路をよごしているおびただしい数の馬やそのほかの家畜。道路の舗装《ほそう》をたえずすりへらし、ぶちこわしている荷車や乗合馬車や重量車両。それに、なににもまして、街《まち》のどんなところでも、いつもせつなそうな顔をしてうろつきまわっている無数の群

『ブンブン不平を鳴らす蜂の巣』初版本（1705）の表紙

17世紀ごろのロンドン

衆。すべてこういったものを考えてみれば——瞬間瞬間が新しいゴミを生産するのも無理がないということがわかるであろう。……ロンドンの繁栄ぶりが今よりも衰えるということにでもならないかぎり、現在の状態よりも清潔になることは不可能なのである」と。

マンドヴィルの時代においてすでに、このようにロンドンが華美で喧噪《けんそう》な消費都市に成長していたとすれば、それから半世紀近くもすぎたベンサムの幼年時代のロンドンが、身体の弱かったかれにとってそれほど快適な場所でなかったことは容易に想像される。両親もまた、ひきこもって本ばかり読んでいるベンサムの健康状態を心配したにちがいない。かれには田舎の生活が必要であった。

剣と野ネズミ

そういうわけで、ベンサムは幼年時代を父方および母方の祖母の実家ですごすことが多かった。母方の祖母の里は、バークシャー県リージングの町に近いブロウニング-ヒルにあったし、父方の祖母の里は、エセックスの市場町バーキングにあった。リージングはロンドンの西約五十キロ、テムズ川に沿う小さな盆地の中心で、ブリストルに通ずる運河の起点であった。またバーキングはロンドンのすぐ東北の郊外、ロージング川とテムズ川の合流点近くにあって、現在ではもう完全に市内にはいっている。これらの町や丘や川は、いずれもイングランド南部の優雅な風景の道具だてとなるのであった。

南部地方一帯は、低地といっても、けっしていわゆる平原というようなだだっぴろいものではなく、ゆるやかな丘がいくつもいくつも起伏をなして海の波のようにつらなり、高地といっても深山幽谷《しんざんゆうこく》というようなけわしいものではなく、なだらかな準平原ともいうべきものであり、海抜はせいぜい二百ないし三百メートルどまりである。こうした丘陵の群のあいだの低地を、テムズ川を主流とするいくつかの川が流れて盆地をつくり、ロンドン・オクスフォード・リージングなどの町々やサウサンプトンの港を発達させたのである。丘の斜面は水をたくわえる力に欠けているので農業にはあまり適しないが、馬を走らせたり、そぞろ歩きをするにはふさわしい芝原《しばはら》となっていたし、そのところどころにはエンドウの花が咲きみだれていた。羊の牧場は昔からのイギリス農村に特有な風景であり、低地の黄色にみのった麦畑には真赤なケシの花がちりばめられていた。雑木林《ぞうき》やリンゴ畠の緑の茂みは、のどかな田園風景に形と色の変化をあたえてくれるのだった。[1]

このような都会の雑踏《ざっとう》から離れた静かな田舎での生活は、生涯を通じてベンサムの楽しい思い出として残った。かれはのべている。「ブロウニングーヒルではすべての人、すべてのものが魅力にあふれていた。穀物をしまっておく倉のなかにあった古いさびた剣は、野ネズミを追いまわし、やっつけるのによく使ったものだ

1) イギリス南部の地形・景観については、『世界地理風俗大系』10（新光社）五〜六ページの記述を参照。

が、この剣でさえ由緒《ゆいしょ》ある神聖な剣であった。というのは、わたしの先祖の一人が、議会勢力に反対してオクスフォードでそれを使ったものであったからである」と。オクスフォードの大学および町は伝統的に王党派と神権説――国王の権威は神からさずかったものであって、議会や人民がくちばしをさしはさむことができない絶対のものであるという説――の牙城《がじょう》であったのである。昔の王党派の先祖の血なまぐさい剣は、野ネズミを追いまわすのに夢中《むちゅう》であったベンサムの心をも、知らず知らずのうちに王党派びいきにさせずにはおかなかった。少年特有の感傷的な追憶のなかにベンサムの若いころの貴族趣味は培《つちか》われたのであって、これはかれが急進主義者に変わってからも意識の底には依然として残ったのである。

ベンサムは感受性の強いデリケートな心情をもった少年であった。子どもというものはだれでもそうなのであるが、他人から非難されないように神経をつかい、また、恐怖心をそそるものに対しては、いつもびくびくしていた。かれは自分がいだいた感情に関する一番古い記憶は「同情の苦痛」とでもいうことのできるものだとのべている。同情とは他人と同じ感情をわかちあうということである。苦しみをいだいている相手と同じ感情をわかちあうということは、みずからもまた苦しむということにほかならない。この少年ベンサムの心情は重要な意味をもっている。なぜなら、のちになってから、かれがしいたげられた者や悩める者への同情者として、さまざまの事業に手をだすようになったことの前兆を、すでにそれは示しているからである。

孤独なる天才

一七五五年、ロンドンのウェストミンスター－スクールに入学。七歳のときである。この学校はセント－ポール－カレッジというのが正式の名前であって、イギリスでは最も古いすぐれたパブリック－スクールの一つである。

昔からここにウェストミンスター寺院の修道僧たちが勉強した寺小屋があったらしく、宗教改革に熱心であったヘンリー八世（十六世紀前半）がこの学校に力をいれ、さらにエリザベス女王（十六世紀末）の後援によって学校の基礎が確立した。イギリスでは金持ちや上流階級の子弟は小学校へいかずに家庭教師をつけて家で勉強し、それからイートンとかハローとかウィンチェスターとか、あるいはウェストミンスターとかのパブリック－スクールへいき、やがてオクスフォードまたはケンブリッジの大学へ進むのがふつうの修学コースであった。この場合、パブリック－スクールといっても、日本でいう意味での公立学校ではなく、生徒のほとんどが寄宿舎で生活し、公共の場で教育されることをたてまえとする学校であって、日本流にいえば私立学校である。

神経がこまかく過敏で、しかも身体も小さくて弱かったベンサムは、他の少年たちが行なうゲームにはなんの興味ももたなかったし、また、それを行なう才能をもっていなかった。かれはパブリック－スクールには場ちがいの存在であった。ベンサムにとっては、天国のようなブロウニング－ヒルにくらべて、ウェストミンスター－スクールはまるで地獄みたいなものであった。しかし語学の勉強では断然群をぬき、かつて父のひざの上でならったギリシア語とラテン語においてめざましい進歩を示した。とくにラテン語の詩をつくることのうまさではかれの右にでる者はなかった。校長はベンサムの父の友人であったので、ベンサムの才能にはとくに注目してくれたのであるが、ベンサムのほうでは校長を「ラテン語とギリシア語だけで満足している、丈高《たけだか》く威風をそなえてはいるが、しかし浅薄な人物だ」と思っていた。このようなパブリックースクールの経験が、のちのベンサムの教育論の根底となるのである。

やがて一七六〇年の六月二十八日には十二歳でオクスフォード大学のクィーンズ－カレッジに入学を許された。この大学はヨーロッパでも最も古い有名な大学の一つで、八七二年に当時の国王アルフレッドによって最初の学院がもうけられたと伝えられているが、大学の形をとるようになったのは一一六九年のことであった。ヘンリー八世時代には、宗教問題の混乱のために学生数は激減し三千人を大きく割った。ことに前にものべたように、オクスフォード大学は王党派の本部になったために、一時その名声をおとしたこともある。しかし、現在もなお中世以来の制度・組織をそのまま残し、伝統と学風において他とはちがったいちじるしい特徴をもっている。

オクスフォード大学では、新入生たちは入学に際して、エリザベス女王時代に制定された国教会派の三十九箇条の信仰箇条にサインすることを求められた。ベンサムはサインを強制されたことによって、その宗教的感情を傷つけられた。かれおよびかれと同じようにサインすることをためらった数人の学生は、かれらの態度のなかに、非国教的な思想がひそんでいることをみぬいた大学の評議員の一人によって、サインをするように説得された。この事件がかれにあたえた印象は苦渋《くじゅう》に満ちたもので、いつまでも忘れることのできないものであった。

大学で教えられるおもな科目は、ギリシア語・ラテン語などの古典語、数学・哲学・歴史・法律・神学・医学・自然科学などであった。しかしベンサムは、大学での勉強にも、クラブ（集会室）での集まりやいろいろの娯楽的な行事にも、全く楽しみをみいだすことはできなかった。ただわずかに語学に興味を感じ、また、化学などの実験科学が好きであった。つまり、因襲的な形式にこだわる権威主義的な大学の雰囲気は早熟の秀才ベンサムに「天才の孤独」の悲哀をいやというほど感じさせてしまったのである。

虚偽と偽善

ベンサムよりもすこし先輩の経済学者アダム＝スミスは、やはりオクスフォード大学で学んだのであるが、当時哲学界で有名であったデヴィッド＝ヒュームの『人性論』（一七三九）を大学の寮内で読んでいるところを寮監にみつけられ、思想的に危険な書物だというわけでしかられて、本をとりあげられてしまったというエピソードが残っている。『人性論』は人間の精神に関する学問を独断的なものではなしに、実験科学の方法で厳密な科学としてうちたてようとしたヒュームの野心作であって、イギリスの哲学史ばかりではなく、近代哲学史全体のうえ

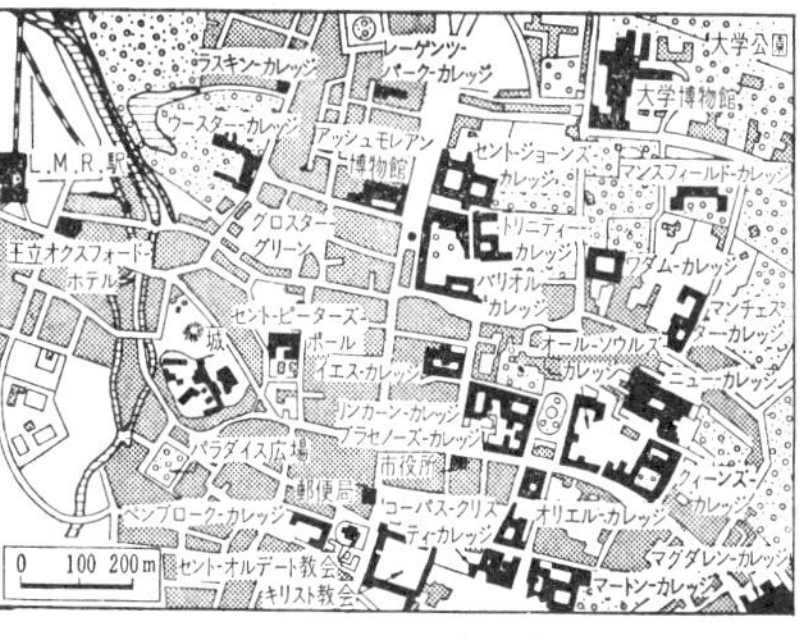

オクスフォードの地図

でも最も重要な著作の一つとなったものであるが、イギリス国教会派の伝統にこりかたまった人の目には、「不敬の書」と映ったのである。著者のヒューム自身がこの本によってその名声をえたにもかかわらず、内容が反教会的であるという理由でエジンバラ大学の哲学教授になりそこなったほどに、十八世紀半ばごろのイギリスでは、まだまだ保守的な気分が支配的であった。

イギリスの歴史家で、その『ローマ帝国衰亡史』（一七八二）という著書で有名なギボンもまたオクスフォードに失望した一人である。スミスやギボンにとって魅力のなかった大学は、ベンサムにもまた幻滅の場所にほかならなかった。大学はかれには虚栄と怠惰《たいだ》と奢侈《しゃし》に満ちた社交クラブにすぎなかった。のちになって、かれが大学のことについてのべる場合はいつも辛辣《しんらつ》をきわめるのだった。たとえば、「虚偽と偽善――これがイギリスの大学教育における唯一の最も確実な効果だということがわかった」というような調子である。思想的な学問をする人で、自分が学んだ大学の授業に非常な満足をみいだすような人は歴史上あまり多くない。すぐれた学者であればあるほど、ありきたりの講義の内容と形式に不満を感じるものである。そして、既成の思想のわくをつき破ろうと悪戦苦闘をかさね、ようやく学問上の新機軸を生みだすことができるというのが実状である。いわゆる「有名」大学へ入学できたということだけで、自分が「秀才」であるなどと思ったら、歴史上の真の天才たちはそれらの受験技術の練達の士どもを、凡俗の最もはなはだしいものとして問題にもしないであろう。大学というところは天才には本来無用の場所であるはずのものである。

ウェストミンスター－スクールのときと同様に、大学においてもベンサムのラテン詩の制作の能力は卓越したものであった。一七六〇年という年は、ジョージ二世がなくなって孫のジョージ三世が即位した年であるが、このできごとについて、ベンサムがつくった一つのラテン頌詩《しょうし》は、十三歳になるかならないかの少年のうたったものとしてはすばらしいものであるという評判をえた。十八世紀のイギリス文学界の中心人物であったサムエル＝ジョンソンはそれを評して、「一人の若者のきわめてみごとな傑作である」とほめた。しかし後年、ベンサム自身がその詩について行なった説明は、全くよそよそしいものであった。すなわち、かれのいうところによれば、「それはあわれな少年によって書かれた、いかさまの主題についての二流品のできばえ」にすぎなかったというわけである。

ベンサム自身はオクスフォード大学というものになんの楽しい思い出をももちえなかったが、しかし、それは大学でのいろいろの勉強がかれにとって全然無価値であったということを意味するものではない。なんといっても十二、三歳の少年にすぎなかったわけであるから、教えられることがらにほとんど興味をおぼえなかったにせよ、あたえられるさまざまの客観的知識とそれの修得をとおしての人間的訓練は、ベンサムの知的な発展にとって、やはり大きな意味をもっていたのである。かれが学び知ったことのなかでもとくに重要なのは、十七世紀初めごろの哲学者ロバート＝サンダーソンの書いたラテン語の『論理学』（一六一五）である。サンダーソンは、自然法の理論にもとづいて道徳的義務を詳細に論じた学者の一人であった。ベンサムは自然法という概念は空想の産物だとしてこれを否定する立場をとるようになるのであるが、かれの論法がどこまでも形式的に厳密であり、くどすぎるほどに理路整然としているのは、学生時代にこのサンダーソンの『論理学』を学んだことが大いにあずかって力がある。

波乱の青春

法律の勉強

一七六三年、ベンサムは十五歳で文学士の資格をえてオクスフォード大学の学部を卒業した。そして、法廷弁護士の免許をとるためにロンドンのリンカーン法学院の高等裁判所で法律の実習的な勉強をやりはじめた。イギリスでは法廷弁護士協会というのがあって、これが四つの法学院から成っていた。インナー-テンプル・ミドル-テンプル・リンカーン法学院・グレー法学院がそれである。裁判官や法廷弁護士になるには、この四つのどれかで試験をうけて合格しなければならず、また資格をえたあとは、かならずどれか一つの法学院の会員でなければならなかった。そこでベンサムもリンカーン法学院で実習を始め、名裁判官マンスフィールド卿のくだすさまざまの判決ぶりに熱狂して聞きいった。ベンサムは、それ以後長く、マンスフィールドに私淑《ししゅく》したのである。

法律実習をやりながら、他方では母校のオクスフォードでウィリアム＝ブラックストーン教授の法律学の講義を聞くてはずをもととのえた。それは一七六三年の十二月のことである。ブラックストーンは、当時のイギリスの法曹界では、かれの講義を聞かなければ弁護士にも裁判官にもなれないとまでいわれたほどの有力教授であったのである。この権威あるすぐれた学者の講義を聞きながら、ほかの学生がノートをとるのにいっしょうけんめいになっているとき、ベンサム一人はノートもとらないでじっと聞いていた。「なぜ君はノートをとらないのか」と聞かれたとき、かれは答えていったものだ。「ぼくはブラックストーン先生の学説の是非を検討するのに忙しくて、とてもノートをとっている暇がないんだよ」と。他人のいうことをうのみにできない孤独な天才の面目が躍如《やくじょ》としているではないか。

しかしベンサムはすぐに、ブラックストーンのねりあげた文章の根底にあるまちがいに気がついたのであった。このころ、ブラックストーンはその名著『イギリス法註釈《ちゅうしゃく》』の出版を目前にしていたから、その講義内容も当然この著書の内容を主題としていた。かれの文章は明晰《めいせき》で威厳があり、しかも雄弁であった。ベンサムもブラックストーンを、「制度に関する学問をやっている研究者間でも第一人者であり、学者および紳士のことばを語るために法律学を教えた」人であるといってほめている。しかし、ベンサムにとって根本の問題は、重箱のすみをつつくような法律の詳細な解釈ではなく、莫大な量にのぼる慣習法や成文法を成りたたしめている原理の問題であった。法律というものが人間の社会に存在する究極の根拠はなにか。法律の目的はなにか。法律と道徳はどこがちがうのか。ブラックストーンは、これらの原理の問題を「自然権」に帰して説明しているが、これは事実に合わない空虚な理論ではないだろうか。ブラックストーンの全体系は、この誤謬《ごびゅう》を根底にもつあやまれる理論ではないだろうか。こういったいわゆる法律哲学の諸問題が解決されなくては、裁判官や弁護士の仕事などは、全くの法廷技術に堕《だ》してしまうではないか。このように考えたベンサムは、法律の実務的な勉強に興味を失い、法律の本も読まないで、もともと好きであった化学の実験をやったり、法律の乱用の問題について沈思したりして時間をつぶすのであった。

一七六四年には、ベンサムは、父とフランスに短期間の旅行をした。ロンドンから東南のドーバーの港まで馬車ででて、そこからフランスのカレーいきの便船に乗っていたとすれば、まさに、チャールズ＝ディッケンズの『二都物語』の巻頭にでてくる時代の旅そのものであったであろう。ディッケンズのこの小説は、一七七五年のロンドン―ドーバー間の駅馬車の描写で始まっているからである。ほこりっぽい駅馬車のなかで、また旅館のうす暗いランプの下で、ともすれば法律に情熱を失っていくベンサムに対して、父ははげましのことばをあたえたにちがいない。このようにして、とにかくまがりなりにも法律学の勉強は続けられ、一七六五年には「おそろしく窮屈《きゅうくつ》な」浅緑色の上着をつけ、緑の絹のズボンをはいた未来の法律家ベンサムの得意げな姿がオクスフォードの町にみられたのであった。そして一七六六年には、十八歳で文学修士の称号をえ、翌一七六七年にはオクスフォードの町を去ったのである。

フランス旅行

ベンサムが父といっしょにフランスに旅をしたことがでてきたついでに、かれの生涯のうちになされたフランス旅行についてのべておこう。ベンサムの生涯そのものについての記録が、どれもみな、かれの書き残した自伝的な断片を秘書のバウリング博士がまとめたものとか、ベンサムの父の日記などをもとにして書かれているために、どれを読んでもほとんど大同小異であるうえに、七十歳をこえた老齢のベンサムには記憶ちがいも多くあって、その自伝的な断片にも事実のうえでは多くの不正確なものがあるようである。したがって、かれの生涯については、はっきりしないこともかなりある。フランス旅行についてもくわしいことはそれほどわからないが、前後四回パリをたずねているというのがたしかなところらしい。

一七六四年の父との旅行は、ベンサムがまだ十六歳の少年のときでもあるし、おそらく大学卒業という人生の一つの転機にあたって、父がベンサムをパリ見物につれだしたものであろう。おそらく父とのうちとけた交わりは、この旅行あたりを最後になくなってしまったのではないかと思われる。

二回めは一七七〇年、まだリンカーン法学院で法律の実習をやって勉強しているさなかである。この旅行のあいだに在ロシア・イギリス大使館付き牧師フォスターと知りあいになり、フォスターを通じて多くのロシア人を紹介されたらしい。しかし、ロシア人と知りあいになったのは、次の三回めのときであるという考えをもつ学者もいる。このたびの旅行ではほとんどパリに滞在していて、あるフランスの画家と友人になったり、若いころのベンサムが多分に王党派的であったことを示す一例として、あるイギリス王党派の男を紹介されたりしている。

三回めは一七八五年、あとでのべるように、ロシアのドニエプル川をさかのぼって弟をたずねていったときの寄り道旅行である。当時、イギリスやフランスからロシアへいくには、北回りと南回りの二つのルートがあった。ベンサムは南回りの道をとって、途中いろいろの植物を見て楽しみながらいきたいと望んだようである。当時の交通機関としては、陸上は馬車、海上は帆船が主要なものであったから、身体の弱いベンサムにとって長途の旅はけっして楽なものではなかったであろう。このロシア旅行は滞在が二年以上におよんだが、帰途はどちらのルートをとったのかはっきりわからない。パリに寄ったという記録がないから北回りであろうと思うが、しかし、南回りでパリは素通《すどお》りということであったのかもしれない。

最後の四回めは死の八年前、一八二五年のことである。ベンサムはすでに七十七歳の高齢である。湿疹《しっしん》にかかり、医者にみてもらうために一か月ばかりパリに旅行をしたのであった。このときは、フランス革命当時の立憲君主主義者でフューイヤン党の指導者であり、かつ、あの「人権宣言」の起草者でもあった旧友ラファイエットに会っている。

ベンサムはどうも年齢的に若かったころほど人づきあいが悪かったのではないかと思われる。二回めにパリをおとずれたころは、かれはフランスの有名な哲学者で『百科辞典』の編集者としてフランス革命の思想的準備にきわだったはたらきをしたジャン＝ダランベールと文通をしていたにもかかわらず、この人を訪問することを避けている。あるいは、このような革命的思想家の唯物論者と面談することは、そのころのベンサムには警戒すべきことと思われたのかもしれない。なにしろ、たいていの著書は最初匿名《とくめい》でだして反響をうかがってから本名を明らかにしたり、せっかく書いた原稿も何年間もそのままねかせておいたほど神経質なベンサムであってみれば、多くの人に、しかも革命をはらむ状勢がすでに緊張の度をくわえつつあった異国の都パリで、外国の人間に気を許すことはなかなかできなかったであろう。かれはおそらく、イギリスとちがった、フランスのパリのある種の教養ある知的雰囲気《ふんいき》を一人楽しんでいたのかもしれない。

弁護士失格

父はあい変わらず、ベンサムがイギリス法の実際的方面の実務者として、あるいは、少なくとも法律の実務に精通した法律家として、成功することを期待した。ブラックストーンにはとてもおよばないとしても、それに次ぐ法律家になることを父は切望したのである。かつて大法官の夢をわが子に託した父としては当然の期待であった。

しかし、肝心のベンサム自身はリンカーン法学院の屋根うらのうす暗い部屋に陣どって、一応法律の勉強はしていたものの、このころからますます原理の問題、いいかえれば、法律の奥にひそむ哲学の問題にふかい関心をもつようになり、イギリス経験主義哲学の大先輩であるロック（十七世紀）やヒューム（十八世紀）の哲学を勉強するようになった。ヒュームはそのころまだ現役の思想家として活躍していたのである。このようにベンサムが法律の実際面を軽視して原理の方面ばかりに熱中しているのをみて、父は「われ一子を失えり」といってなげいたということである。またこの子は「うだつのあがらない代理業者のうだつのあがらない息子」だと、あきらめ顔であったとも伝えられる。

ベンサムの語るところによれば、かれがのちに発展させた功利主義哲学の根本である「最大多数の最大幸福」ということばを初めてかれが発見したのは、ちょうどそのころのある日にジョセフ゠プリーストリーの

リンカーン法学院

『政府に関する小論』（一七六八）を貸本屋で借りて読んだときのことであったとされている。この考えかたに接し、このことばをみいだしたときには、かれの喜びは、アルキメデスがその原理を発見したときの喜びに近いものでさえあった。ところがこの話は、どうもベンサムの記憶ちがいのようである。なぜなら、プリーストリーはその著書のなかで「最大多数の最大幸福」という文句《もんく》は一度も使ったことがなかったからである。そこで、ベンサムに関するかぎり、このことばは、イタリアの刑法学者マルチーズ＝ドゥ＝ベッカリアの著書『犯罪と刑罰』（一七六四）の第一章序論にでてくる「最大多数の最大幸福」ということばに由来するものだと一般には考えられている。もっとも、ベッカリアの原書はイタリア語であるから、ベンサムがイタリア語をひろい読みしたか、あるいは、それの英訳本（一七六七）がベンサムの典拠であった。

ベンサムは一七七二年にはリンカーン法学院で正規の法廷弁護士の資格をえ、そののち、一八一七年に弁護士協会の会員となった。しかし、かれは弁護士としては成功しなかったし、またとくに成功しようと努力したわけでもなかった。個人で弁護士を開業することさえ断念してしまったのである。このことは、かれの才能をよく知っていた父や友人が非常に残念に思ったことであった。父の息子に対する期待は、ついにはかない夢と消えたのである。

かれは、法廷では形式的な発言を二、三する以外はあまりしゃべらなかった。かれが最初にてがけた訴訟は、父の友人チェンバレン＝クラーク氏に依頼されたもので、五十ポンドの抵当物件のとりたてにかかわるものであったが、ベンサムがあたえた忠告は、この訴訟は早く終わらせて、争いにかかる費用を節約するほうがよいというものであった。また、かれが弁護士の免許をうけたとき、かれの弁護に任せられた一、二の訴訟事件があったが、かれのやったことといえば、全力をつくしてその事件を抹殺《まっさつ》してしまうことであった。ベンサムは弁護士の仕事そのものに情熱をかたむけることができず、かれの「嫉妬《しっと》ぶかい女主人公」である法律上の職務とは無関係のことがらについて読書したり思索したりした。

かれは、フラスコやビーカーなどの小型のガラスの器《うつわ》を買ってきて化学の実験を道楽にやった。オクスフォードの学部の時代から化学は好きだったのであるが、友人にすすめられてそれにこるようになったのである。そのころにまた、スウェーデンの化学者トルベルン＝オロフ＝ベルグマンの、『親和力に関するエッセイ』（一七七五）を翻訳したりしている。民法の勉強で譲渡証書などを調べるより、自然科学のほうがはるかに気晴らしになったのである。化学は弁護士稼業《かぎょう》に落第《らくだい》したベンサムにとっては、一つの欲求不満解消の妙薬であったようである。

黒い霧の時代

弁護士として法律を実務的にとりあつかうことにほとんど興味をもつことができなかったベンサムも、しかし、大学卒業以来の、弁護士稼業か法律哲学者かの二者択一の課題にようやくふんぎりをつけて、はっきり後者の道をたどりはじめる時期にきた。一応弁護士の資格もとってしまった一七七二年ごろから、法律哲学や政治学の原理的な問題に本格的にとりくむ姿勢を示すにいたったのである。これはベンサムが二十四、五歳のころのことである。これまではいわば、父の願望と自分の好みとの板ばさみになって主体的にふるまうことができなかったのであろう。しかし、すでに生涯の職業について自己を主張することのできる年齢になった。紆余曲折《うよきょくせつ》の青春をまっすぐにたてなおすべきときであった。

バウリング博士が、ベンサムの一七七三年から一七七六年にかけてつくった備忘録から抜粋《ばっすい》したものを見ると、たとえば、懲罰《ちょうばつ》の原理の起源とか、ロックやフランス十八世紀の思想家エルヴェシウス以前の法律の概要、さらには「法律の虚構」とか、「あやまって理解されているいろいろの術語」といったものが含まれていて、ベンサムが後年、みずからの主要問題として追求した諸問題にすでに着手していたことがはっきりと示されている。かれはまた、「行為の一般的な功利性（有用性のこと）にしたがって行為を称賛したり非難したりする一般的習慣をふるいおこすべきである」といって、「功利の原理」をすでに明らかに主張しているし、そうかと思うと、あるノートでは「法廷弁護士(barristers)というのは――意地《いじ》の悪い人にいわせれば――法律のいきすぎを改良することに対して、棒をおいて妨げる(barring)ことからそうよばれるのである」とか、あるいは、「法律家にとって、人々が訴訟などなしにやっていってもらいたいと願うことがむずかしいのは、医者にとって、人々がいつも健康でいてくれたらと願うことがむずかしいのと同じである」といったような、法律家あるいは弁護士への皮肉を表現した文章もみられる。

この時代のイギリスでは、ジョージ三世の即位以来、もともとまだ多分に貴族的であった社会の古い体制がますます強化されつつあった。政治上の特権は大土地所有者たる貴族によって独占されていた。十六世紀に制定されただけで、その後の社会状勢や人口分布の状態の変化に応じて改正されることの一度もなかった古い選挙法が、特権貴族の行なう腐敗政治の源となっていた。ジョージ三世の即位後、長いあいだ政権についていたウィッグ党に代わって、トーリー党の貴族が長期安定政権の座につくことになった。そして国内的には、産業革命による社会・経済機構の変化による中産階級の発言権の増大、国際的には、アメリカの独立戦争・フランス革命・ナポレオン戦争などの激動があり、これらを経て、一八三二年に第一次の選挙法改正が行なわれる直前まで、「王の政党」たるトーリー党の政治が続くのである。ベンサムが生きた時代は政治的にはトーリー党、経済的には産業革命によって支配された時代であった。かれの思想は、この複雑な時代がかかえる諸問題との激しい対決のなかできたえられるのである。

一七六〇年から一七七〇年代にかけては、政治的には一種の黒い霧におおわれていた。王の官吏にすぎなかった貴族たちは権勢争いにうつつをぬかし、その陰からいくつかの病的な社会現象がおこった。ジョン＝ウィルクスという男は、新聞「ノース－ブリテン」によって王政を攻撃し、下院を除名され投獄されながら、一七七四年にはロンドン市長に当選する始末。「パブリック－アドバタイザー」という新聞には、ジューニアスという匿名で書かれた王と王政を非難する一連の論文が、一七六九年から三年間も掲載されながら筆者はついに迷宮入り。さらに宗教の寛容の問題から新教徒のなかの過激派が、ジョージ＝ゴードンを首領として一七八〇年にロンドンのセントージョージ広場で国民大会をひらき、焼きうちや掠奪《りゃくだつ》などをやり、暴徒化した民衆が政府の武力によってようやく鎮圧された事件。これらは、内外の状勢の急変をよそに民衆の動向を無視した貴族政治に対する一般の反感の発露であった。

ベンサムが私淑《ししゅく》し、リンカーン法学院でその直接の指導をうける機会をもったマンスフィールド卿（ウィリアム＝ミュレー）は、全体としてみれば王や貴族の特権を支持したけれども、それは無制限にではなく、一定の限界をもうけたうえでのことであった。かれは商法の制定者として知られ、奴隷解放運動には同情的であり、つねに良心の自由を守ることにつとめた。一七七〇年の議会は大荒れに荒れた。その余波をうけてマンスフィールドは、例の『パブリック＝アドバタイザー』紙上で、ジューニアスの激しい攻撃の対象となった。ベンサムは自分の偶像であるマンスフィールドを弁護する論文を新聞に寄稿した。ベンサムはまた、ウィルクスぎらいとしてもとおっていた。このころからベンサムの筆による社会的活動は始まるのである。かれが、十八世紀のフランスの作家ジャン＝フランソワ＝マルモンテルの書いた物語を英訳したのもこのころのことである。

思想の転機

一七七六年までさかのぼることができるのであるが、そのころからベンサムは、『批判的法律学原理』という題をつけるつもりであった著作にとりかかっていた。これは、一七八〇年に印刷されたまま、一七八九年まで九年間も公刊されなかった。九年めに『道徳および立法の原理序論』と題してようやく出版されたこの著作は、ベンサムの数ある作品のなかでの最もすぐれた著作である。われわれはこの著作によって、当時のベンサムがすでにかれ特有の功利主義の立場を確立して、従来の王党派びいきではなくなっていることを発見することができる。哲学の問題に首を突っ込んで人間の基本的なありかたを研究したことが、かれを偽善の貴族主義から真の人間平等観へと導びいたのである。このかれの代表的著作は、法律技術上のこまごまとした問題をとりあつかったものではなくて、まさに、法律や道徳を必要とし、それらを社会生活のルールとしなければならない人間というものの、根本的存在様式を追求した哲学の書なのである。かれの父親に対する背反は、けっしてたんなるわがままでもなかったし親不孝でもなかった。かれは実務的な弁護士になったり、あるいは、役人として大法官などになるよりは、はるかに永遠の意義ある仕事を人類のために残すことができたのである。

一七七六年といえば、アメリカ合衆国の独立宣言が公表された年である。そしてイギリスでは、すでにワットの蒸気機関の発明（一七六五）、アークライトの水力紡績機の開発（一七六八）、ウィルキンソンの蒸気力をシリンダーに応用することの成功など、産業革命の足音は静かに、しかし、着実に世のなかの雰囲気を変えつつあった。ベンサムに大きな影響をあたえた哲学者のヒュームが死んだのもこの年である。みようによっては、ヒュームの倫理思想に含まれていた功利主義的側面は、ここで名実ともに、ベンサムにバトンータッチされたのだということができる。ベンサムに教えるところの多いスミスの『国富論』も、この同じ年の一七七六年に出版されている。『国富論』が近代経済学において果たした役割とその占める地位についてはここでわざわざのべるまでもないであろう。一言にしていえば、イギリスは二度めの近代革命を開始していたのである。もちろん一度めは清教徒革命から名誉革命にいたる十七世紀の政治革命であった。そして二度めは今まさに進行中の十八世紀後半の産業革命である。ベンサムの主要な著作活動は、かれの天才的頭脳が、世界史の舞台のまわりつつあるなかで、敏感につかまえた問題を理論的に処理するという形で行なわれたのである。

ベンサムの法律学および政治学の分野における名著『政府論断章』が匿名で出版されたのが、この一七七六年であった。この本はかれの処女作でもあった。この本の意図は、さきにのべておいたブラックストーン教授の『イギリス法註釈』におけるいくつかの主要な欠陥を指摘することであった。とくに改革主義に同情的になりつつあったベンサムの目に、重大で根本的な欠陥だと思われたものは、保守主義者ブラックストーンの「改革に対する反感」であった。ブラックストーンは古きイギリス法の全体系を賛美したのである。さらにすすんでベンサムは、「全体にしみわたっていると思われるところの、一般的な不正確さと混乱」をあばきだそうとした。ベンサムはオクスフォードでブラックストーンの講義を聞いたときから、教授に対する「反感」の念を強くもち、また少年ながらに教授の「自然権」の説に対する疑問をいだいたのであった。ベンサムはつねに、高い地位にある人のくちびるにへつらいの杯《さかずき》をささげようとつとめる人物だと思われる者に対しては、なんの尊敬もはらわなかった。ブラックストーンは、人物の点でも学説の点でもベンサムのきびしい批判をまぬがれることができなかった。ベンサムは、古き因襲的な秩序に対するするどい批判者として学界にデビュウしたのである。

ベンサムはこのころ刑罰についての研究も行なっていた。その成果が『刑罰および報酬の理論』となるのであって、これはのちに、かれの友人兼秘書の一人であったスイス人のエティエンヌ＝デュモンによって、一八一一年にパリでフランス語で出版され、やがて英語では報酬の部（一八二五）と刑罰の部（一八三〇）の二部に分けて出版された。ベンサムの書いたものは、このように脱稿してから出版されるまで長い年月がかかるのがふつうであった。それは、かれの学問上の用意周到さにもよったためであろうが、身分的には富裕な上流階級にありながら、しかも貴族的保守主義への強い批判を含むかれの著書が陽《ひ》のめをみるには、かなり慎重な状勢判断にまつ必要があったためだと思われる。

波《は》紋《もん》

さて、『政府論断章』は、学界はもとより政界にも相当の波紋をひきおこした。この本の文章は、後年になってからベンサムが書いたものに特有な、まわりくどさといちじるしい型にはまった表現方法をまだもっておらず、みごとなできばえであって、論争型の文章としては模範的なものであった。ベンサムはブラックストーンの書物をもとにしながらも、それにとらわれることなく広い範囲にわたって論陣をはった。これらの問題設定は、当時流行していた政治哲学の常識をはるかにこえるものであって、人々の政治や法律の諸問題に関する考えかたを、固定した権威と先祖の知恵の拘束から、自由にときはなった最初の書物だとさえ評価された。このようにして『政府論断章』は、法律学と政治学の新しい出発点となり、また現実の政治問題にたずさわっている政治家に大きな影響をあたえたのである。そしてこの本は、やがてベンサムをうしろだてとする政治思想団体「哲学的急進派」の出発点となっていくことになる。

『政府論断章』は匿名で出版されたから、著者がいったいだれであるかといろいろせんさくされた。当時の文学評論界の大立者のジョンソン博士によれば、この本の文章のスタイルには、当時の名高い法律家であり政治家でもあったジョン＝ダンニングのものと思われる特徴もみいだされた。そのほかにこの本の著者として、政治家のエドモンド＝バーク、あるいはマンスフィールド卿が擬《ぎ》せられるなど、当時の有名な政治家の名前があげられた。それほど本書の内容は注目のまとであったのである。

しかし、やがてほんとうの著者が全く無名の新人ジェレミー＝ベンサムであるということがわかった。ベンサムは、父にだけはこの匿名の著書は自分が書いたものだということを話しておいたのであるが、この本が有名になると父は有頂天《うちょうてん》になってつい他人にそれをもらしてしまったのである。しかし、そのおかげでこの本はとたんに読まれなくなり、そのうえ、たいへん危険な思想を含むものだとして、保守的な政界や学界では評判が悪くなった。ところがふしぎなもので、このことがかえってベンサムに思いもかけない結果をもたらすことになった。すなわち、ベンサムがこれまで生きてきた、どちらかといえば灰色の人生とはまるっきりちがった社会へとかれを誘ったのである。

その当時国務卿であったシェルバーン卿（本名ウィリアム＝ペッティー）、のちのランスダウン侯が、ベンサムの著書に注目し、わざわざみずからリンカーン法学院の判事室にベンサムをたずねて、近づきになりたいと申しでた。シェルバーン卿は新しがりやであった。そして文学と美術のすぐれた後援者として有名であった。かれはベンサムの学界における今後の才能の発揮に力をかしたいと考えたと同時に、自分の政治活動に理論のささえをえたいとも思ったのであろう。とにかくこれが機縁となって、ベンサムはバークリースクエアーの南側にあったシェルバーン邸へたびたびでかけるようになった。そしてやがて、ブリストル港の東約五十キロ、イギリス南部の温泉地として有名なバースの町の近く、ウィルトシャー県の小さな村バウッドにあったシェルバーン卿の領地のやかたをおとずれる常連の一人となった。

かれはバウッドに数週間滞在したこともある。ベンサムがシェルバーン卿にあたえた影響もたしかに大きかったが、いろいろのことをとおして、ベンサムがシェルバーン家における親密な交際からえた教訓は、かれにとって非常に有益なものであった。ここの生活は、ベンサムの気分の明るさと元気とを回復させてくれた。かれは弁護士として法廷でうまくいかなかったことによって暗い人生をおくっていたのである。ベンサムは力をこめてこう語っている。「シェルバーン卿は、自己卑下《じこひげ》の底なしの穴からわたしをひきあげてくれた。かれのおかげで、わたしは自分にもなにかやろうと思えばできるのだ、ということを知ったのである」と。

人間は、だれでもいつかは自分の人生に対して絶望の深淵におちこむ可能性をもっているものである。そこからたちあがってくるには、自分自身の強い意志のはたらきが必要であるが、それとともによき師・よき友・よき助言者にめぐりあう幸運の果たす役割も大きい。ベンサムの場合は、その両方にめぐまれていたということができる。どのようなよき師や友や助言者がいても、いちばんたいせつなのは、本人のファイティングースピリットであって、これなしにはどのようなおぜんだてをしても無意味である。ベンサムは、自分が投じた石によっておきた波紋を、さらに自分の発展のために使用できるチャンスにめぐまれた。しかしもちろん、まず波紋をおこすことができるだけの勉強と実力の養成が先決問題であることは、ひとり十八世紀ばかりではなく、二十世紀の今日においてもすこしも変わるところはないのである。

大学を卒業したベンサムは、自己の生涯の職業の問題で悩み、また思想のうえでも王党派を離れて、議会派の線へと接近しはじめた。こうしたベンサムの青春時代における人生遍歴《へんれき》の背後にあったものは、大規模に変質しつつあるイギリスの社会と、それをつつむ欧米全体の歴史の流れであったことはいうまでもない。そしてベンサム自身の人間への科学的洞察が、かれの人生観を新しい時代を渇望《かつぼう》する方向において確立させ、それがかれの今後の生涯そのものをさえ新しく開拓することになった。かれの青春は静かなる波乱の青春であった。そして、やがてそれは、次のみのり多き体験の時代へと移行するのである。

みのり多き時代

森のやかたの春

孤独を愛し、内向的に自分というものに沈潜する傾向が強かったベンサムの生活は、バウッドのシェルバーンのやかたの常連となってからは、別人のような生活となった。バウッドに滞在しているあいだに、かれはその主著である『道徳と立法の原理序論』の完成につとめたのであるが、他方では、また、シェルバーン一家の家庭の団欒《だんらん》にも一役かっていたのである。かれは当家のご婦人がたのハープシコードの伴奏に合わせてバイオリンをひいたり、トランプ・チェス・玉つきなどに興じた。また、バウッドをおとずれてくるすぐれた政治家や文学者と、親しく交わることができた。ベンサムがバウッドから出した手紙にはさえた文句を使い、機智にとんで快活な、そして、しゃれや世間話に満ちたものが多く、キャムデン・ピット・ダンニング・バレその他の当代の高名な客人たちについてのつぼにはまった短評が含まれている。

バウッドの生活はベンサムにとっては楽しい日々のつながりであった。かれは回想してのべている。「わたしは楽しきことどもを行ない、楽しきものをもちえた。わたしはそこの男の子といっしょに馬に乗り、本を読み、犬をつれて散歩し、ヒョウの毛をなでてやり、かわいらしいヘンリーを馬車に乗せてドライブにつれだし、ご婦人がたとチェスをやり、玉つきをして遊んだ」と。

これらの日々はまたあわいロマンスによって彩《いろ》どられていた。ベンサムは、この明るく、すばらしい家庭を美しいものにしたてていたご婦人がたの一人である、キャロライン＝フォックス嬢を知った。この人は第二代ホランド卿の娘であったが、ベンサムの結婚の申し込みはかれにとって不幸な結末となった。このキャロラインに対してベンサムは、数年後の一八〇五年に、もう一度結婚を申し込んだらしい。かの女の返事は「威厳と情愛に満ちたもの」であったが、結局ことわられたのである。一八二七年といえば、ベンサムはすでに八十歳近いのであるが、このころかの女にあてて出した手紙にはこう書いてある。「あの日以来わたしの願いにもまして、あなたがわたしの心をうばうことのなかったような日は——あえて夜とは申しません——一日もありませんでした」と。ベンサムが晩年にふたたび社交界ぎらいになり、一生を独身でとおすことになったのも、かれの生来の内向性のほかに、このキャロラインとの不幸な交際が原因になっていることはたしかだと思われる。

シェルバーン卿は、ベンサムがアシュバートン卿というある貴族の未亡人と結婚するように望んでいたのだといわれている。それはアシュバートンの息子にとって、ベンサムがよき保護者になることができるであろうという理由からであった。そこでシェルバーン卿はベンサムのキャロラインに対する結婚の懇望をおしつぶしたのであった。ベンサムは、シェルバーン卿が自分の身のうえのことをいろいろ心配してくれることに感謝の気持ちをいだいていたのであるが、結婚のこととなればいかにシェルバーン卿のすすめとはいえ、そう簡単に自分の意志をひるがえすわけにはいかなかった。

人間がお互いに相手の心のうちを知りあうということは、いかにむずかしいことであろうか。十八世紀の末のイギリスとフランスを舞台にした小説のなかで、ディッケンズも書いている。「人間という人間が、みんなそれぞれお互い同士に対して、そんなにも深い神秘であり、秘密であるようにできているということは、考えてみれば実におどろくべきことである。……わたしが足を運ぶ大都会の数多い墓場、そこに眠る人たちのことも測り難《がた》かろうが、さらに、それにもましてうかがい知ることのできないものは、忙しくこの市に立ち働いている人々とわたし、そしてまたわたしとかれら、お互いその心の奥処《おくが》なのではあるまいか」(『二都物語』[1])。バウッドにおける親しいつきあいも、人間の心の奥処の交流をうみだすことは容易ではなかった。まして、それが貴族たちのうわべをかざるつきあいであったとすればなおさらのことであっただろう。人間と人間の心の断絶は、なにも産業革命以後の資本主義的状況にだけ特有なものではない。それは、人間が生きているという事実につきまとう根源的な存在の様式なのである。

ドニエプルの旅

ベンサムには弟が一人いたことはすでにのべた。このサムエル＝ベンサムは一七五七年に生まれ、一八三一年に兄のジェレミーよりも一年早く他界した人で、海軍の技術将校であった。ジョン＝スチュアート＝ミルの伝えるところによれば、「将軍はその盛名ある兄とはその心的特質

1)『世界文学全集』中野好夫訳（河出書房新社）による。

を異にしていたが、しかし学問の造詣《ぞうけい》もふかく、一般にすぐれた才幹をもち、ことに機械的技術にかけてはいちじるしい天分をもっていた」ということである。夫人は有名な化学者フォージス博士の娘で、意志の強い性格のしっかりした婦人であった。豊かな一般的教養と広い実際的知識をたくわえ、つねに一家の中心人物としてきりもりしていた。一男三女の子どもたちにめぐまれ、兄にくらべれば家庭的にははるかにしあわせな生活をおくったのであった。ミルはこのサムエル一家のあたたかい友情をかちえることができたのである。

ところで、兄のジェレミーがバウッドで失恋の悲哀を味わったころ、弟のサムエルはロシアにいた。それは当時のロシアの南下政策と関係がある。ロシアでは、その当時ピョートル大帝の孫の女帝カザリン二世が近代的な思想をもつ絶対君主として内政・外交に敏腕をふるっていた。カザリン二世はプロシア・オーストリア・ロシアの三国間でポーランド分割問題がおこったとき、トルコがポーランドを助けたという理由で、一七六八年に対トルコ戦争をおこし、アゾフ海から黒海に進出してブカレストを占領した。一七七四年に条約をむすんでアゾフ海の沿岸はロシアに割譲されることになり、黒海とエーゲ海の二つのトルコの領海をロシアの船舶が自由に航行することが許されることになった。そして、クリミア半島の先端にある黒海第一の要衝セバストポリはロシアの軍港となった。

このようなカザリン二世の南下政策の片腕となってはたらいたのはポチョムキン親王であった。かれはモスクワ大学出の政治家で、一七六二年のピョートル三世弑逆《しぎゃく》のクーデターの際の功績でカザリン二世に認められて、その高級副官となり、当時ロシアが征服したウクライナ地方の最高司令官兼総督に任ぜられた。一七八四年には陸軍元帥となったが、黒海に進出すべきロシア艦隊の建設に心をくだいた。それには海軍技術の先進国イギリスの技術を導入する必要があった。サムエル＝ベンサムは、このようにしてロシアにおもむくことになったのである。ポチョムキンはドニエプル川中流のキエフからさらに約四百キロもさかのぼった一つの支流のほとりに大きな領地をもっていた。そこにクリチェフという小さな町がある。ここは黒海のドニエプルの河口からは数百キロも離れているのであるが、かれはここに造船所をつくろうとしていた。サムエルはここにイギリスの工業技術を移植するために苦心をはらっていたのである。

一七八五年の九月に、ベンサムはロシアへの旅にのぼった。フランスからイタリアにいき、ゼノアで船に乗って、地中海・エーゲ海と、長い危険な船旅の末コンスタンチノープルに上陸したのが十一月。しばらくイギリス商人の家に滞在してから、陸路ブカレストを経て北上し、翌年の二月にクリチェフ付近の弟の家に着いた。この長途の旅は、それほどロマンティックなものではなかった。ただ植物を見ることが好きだったベンサムにとっては、各地のめずらしい草木が唯一のなぐさめとなった。当時のヨーロッパ諸国の領土・領

ドニエプル川流域図

ドニエプル川の下流風景

海の膨張《ぼうちょう》政策は、ベンサムの旅路の波をひどくうねらせていたはずである。われわれは、トルストイの『少年時代』を読むとき、当時のロシアの旅路がどのように苦しくみじめなものであったかを知ることができる。ベンサムにとって、ロシアについてなにかを知ることも、旅そのものを楽しむことも、けっして目的ではなかった。かれはとにかく、イギリスの島をしばらく離れたかったのである。なぜか。もちろんその理由は読者諸君にはすでにおわかりのとおりである。

パノプティコン

ベンサムは、クリチェフの町の近くのザドブラスというところに、サムエルとともに二年以上にわたって住んだ。かれが『静かなドン』にでてくるような広大にして荒涼たる、しかも色彩の豊かな南ロシアの自然をどのように楽しんだのかこまかなことはわからない。しかし、かれはこのロシアの旅そのものからは、ほとんどなんの感激もえなかったのが事実のようである。かれはロシアに滞在しながら、なお、ふだんからの研究を続けた。そして、ウィルソンという友人への手紙の形で故国へいくつかの手紙を出した。これが、かれの有名な『高利弁護論』（一七八七）となるのである。

この旅行中にベンサムが行なったもう一つの仕事に、刑務所の改善に関する提案がある。これも一連の手紙の形で書かれた。これは、弟のサムエルが工場の職工たちの仕事ぶりを監督するために考案したものからベンサムがヒントをえて、刑務所の受刑者の看視用に応用してみようと考えたものである。かれは自分が設計した刑務所のことを「パノプティコン」とよんだ。これはかれのギリシア語の知識からきたもので、「パン」は「あまねく」とか「全体」、「オプティコン」は「見る」という意味をもつことばであって、両方合わせて、ある一定のところに看視人が立てば、刑務所内の受刑者全体の一挙一動が、あまねく見渡せるという意味をになっている。

もともと刑務所運営のありかたについての問題は、当時の社会的関心事の一つであって、イギリスの博愛主義者で刑務所改良に力をつくしたことで有名なジョン＝ハワードらの努力によって、一般の注意も高まっていた。この問題は、受刑者の労働を生産的なものにして、かれらの人間性の新しい開発をはかると同時に、刑務所自体の運営費の節減にも資するにはどうしたらよいかということからおこってきたのである。ベンサムは自分のパノプティコン計画については絶対の自信をもっていて、帰国したのちもそれの実現のために多額の費用と時間をかけて運動した。パノプティコンは円形の建物で、各階に個室が並べられ、中心には看視用の守衛所がある。看視人は受刑者から見られることなしに、すべての受刑者を見ることができるし、かれの場所を離れないで命令をあたえることができるはずであった。刑務所内で受刑者が従事する労働の条件も人道主義の立場で規制されることになっていた。

ベンサムは、パノプティコンが実現されれば次のような好結果が期待されるものと確信していた。「道徳は改善され、健康は維持される。そして産業は活をいれられ、教育は普及する。さらに公共の負担は軽減され、経済は盤石にのっかったように安定する。ギリシア神話にでてくるゴルディウス王がむすんだというむすびめにも似た、解きがたき救貧法のむすびめは、断ち切れないまでもほどくことができる。すべてこれらのことは刑務所建築の簡単な着想によって可能となるのだ」と。

この計画は好評をえた。ジョージ三世はベンサムに二千ポンドの資金をあたえ、新しい刑務所を建てる場所を選定させ、多くの受刑者をひきうける準備をさせた。ベンサムは、父からもらった遺産の大部分をこの事業につぎこんだ。しかし、「最大多数の最大幸福を望まないで、少数者の最大幸福ばかりを望む」政府の役人の手にかかって、この計画は失敗に終わった。その理由は、ベンサムのいうところによれば、ジョージ三世が自由主義の思想家であったかれをきらっていたからであった。ベンサムと国王との約束は破棄され、一八一三年にいたって二万三千ポンドの費用がベンサムに対して弁償された。オーストラリアのボタニー湾は当時のイギリスの犯罪者が流刑《るけい》される恐怖の海であった。このボタニー湾の代わりにパノプティコンを実現しようとしたベンサムの計画はついに成功しなかった。かれの実務的でない学者らしい理想家肌《はだ》のところがわざわいしたのである。しかし、ハワードのすぐれた後継者として、ベンサムが刑務所改良の仕事につくした功績はいつまでも語りつがれることであろう。

一七八八年にベンサムはロシアからイギリスへ帰ってきた。そして代議士として下院に出たいという希望をいだいた。かれは手回しよく選挙区向けの演説の原稿なども用意したほどであった。というのは、シェルバーン卿がいつか、自分の支配下にあったウィルトシャー県のカーンか、またはバッキンガムシャー県のウィカム選出の任命議員にしてもよいようなことをにおわせていたからである。これらの小都市は有力貴族の「ポケット選挙区」とよばれて、政界の腐敗や貴族の特権政治を許す源の一つであったが、一八三二年にようやく廃止されたものである。ところがシェルバーン卿はなかなかベンサムとの約束を実行しなかったので、ベンサムはシェルバーン卿あての長い手紙を書いて約束不履行をことば激しく非難した。それは一七九〇年のことであった。それに対するシェルバーン卿の返事はぎゃくに非常におだやかなもので、そのような約束をしたことはないし、また、するつもりもないというのであった。

雪どけの季節

ベンサムの最初の手紙ほど、けんかごしの高慢無礼なものもめずらしかったし、また、それに対してわざわざ返事を書いてよこすシェルバーン卿のような人は、さらにめずらしい人物だと思われた。人間的な規模において、ベンサムはシェルバーン卿にはるかにおよばなかったのである。ベンサムの怒りは消えてなくなり、かれは自分の行為の愚かさを知った。そこで次のようなほとんど道化じみた調子のことばでいいわけの手紙を書きはじめている。

「わが心から敬愛する卿よ。あなたは他人によって征服もされなければおどかされもしないかたです。とすれば、あなたは（わたしによって）抱擁《ほうよう》されてくださるでしょうか。（中略）あなたのようにものごとを大げさにおっしゃることは、わたしにとってひどい虐待《ぎゃくたい》でございました。それで、わたしがあなたを立腹させましたすべての苦痛がすぎさったあとは、どうかわたしに対してお怒りにならぬようにお覚悟をおきめください。あなたはこれまでも、ほとんど立腹するに値しないやからに対してもお怒りになることがおありでした。」

フランス革命が、バスチーユの牢獄の破壊をもって始まったのが一七八九年である。革命の基本的な精神は、貴族や僧侶の伝統的特権を廃絶して、第三階級たる平民の自由を主張した点で、ベンサムの理想と一致するものであった。革命のあらしのうちがわのこまかな点をみれば、『二都物語』や、アナトール＝フランスの『神々は渇《かわ》く』がえがくような、革命の精神に矛盾する非人間的な要素が多くみられたであろう。しかし全体としてのフランス革命は、人間の「理性の勝利」を告げるものとしてヨーロッパの全土をゆるがしたのであった。ドイツではゲーテもヘーゲルも理性の勝利をたたえていた。ベンサムにもまた、今や自分の理想をイギリスの政治に反映しうる客観的条件がととのったと思われたであろう。かれが下院に出馬しようとした背景には、このような精神的状況が存在したのである。

フランス革命をあらわす
革命帽と三色旗

しかし、ベンサムがいみきらった貴族政治の打破をねらうのに、貴族のポケット選挙区の任命議員になることを欲するというのは、ベンサムらしくない論理的な矛盾をおかしている。おそらく自分でもそのことは十分に気がついていたにちがいない。であるからこそ、シェルバーンの返事をきっかけにして、あっさりと下院出馬をあきらめたのではあるまいか。

イギリスにも一種の気分的な「雪どけ」のシーズンがおとずれた。国王やその周辺の貴族のあいだには、もちろん、警戒のための反動化はまぬがれなかったであろうが、自由を求める時代の精神はすでにもとにかえすことはできなかった。自分の著書の出版には極度に慎重であったベンサムが、九年間も印刷されたままで公刊をさしひかえていた主著『道徳および立法の原理序論』の公刊にふみきったのは、まさに、この一七八九年のことであった。もっとも、かれの友人たちが、ベンサムのすぐれた発想を示すこの作品が、同時代のイギリスの神学者であり倫理学者でもあったウィリアム＝ペーレーの『道徳哲学および政治哲学の原理』（一七八五）におくれをとらないようにと、しきりに出版をすすめてもいたのである。

みのり多き時代

ベンサムは、しかし当時はまだ、けっして「急進的思想家」ではなかった。かれは最後的には依然として当時の国王と議会に望みをかけていたのであって、これらの機関をとおしていろいろの改革をしようと思っていたし、政党も保守党たるトーリー党に属していたほどである。つまりベンサムは、頭では近代的な自由の園《その》をはるかに遠く望みながら、両足は貴族の邸宅の庭においていたのである。しかしフランス革命がおこったころ、かれの名前はフランスではすでによく知られていた。それは、シェルバーン卿のバウッドのやかたで知りあったデュモンが、ベンサムの自由主義的な著作をいくつかフランス語で出版していたし、また、ベンサム自身も英語よりフランス語の方が得意であったといわれるくらいに、フランス語がじょうずで多くの原稿の原文をフランス語で書くほどであったからである。

そのようなわけで、革命後のフランス国民議会は、一七九二年にベンサムをペーレーとならんで名誉フランス市民に推戴《すいたい》した。しかしベンサムは革命の動向を冷静にみまもり、それが暴力化してくると、革命の基本的イデオロギーであった自然法の思想を徹底的に批判攻撃するのであった。自然法思想を批判することはベンサムのお得意なのであって、『政府論断章』でブラックストーンをやり玉にあげて以来のかれの持論でもあった。ベンサムはどこまでも議会主義の擁護者としてたちあらわれた。なお一七九三年には、名誉フランス市民としての特権を行使して、国民議会に「諸君の植民地を解放せよ」というパンフレットを提出している。これはベンサムの最も強い信念の一つを表明したものであった。かれは植民地というものは本国にとって、ほとんど、あるいは全く、役にたたないものであるという意見をいだいていたのである。

一七九二年には、ベンサムは父のジェレマイア＝ベンサムを失った。母のアリシア＝グローブがなくなったあと父は再婚していたのであるが、『政府論断章』が有名となり、ベンサムがシェルバーン卿のところで名流の士と交際できるようになったのをみて、父はたいへん喜んだのであった。今や『原理序論』の出版によってベンサムの学者としての名声は確立した。このようにして、昔ベンサムにかけた父の大きな期待は別の形で実現をみたといってもよかった。この意味では、「われ一子を失えり」といった父も、その一子をとりもどしたという気分で死ぬことができたであろう。

父の死によって相当の遺産がベンサムの手にはいった。父は富裕な代理人として有名であり、土地のブローカーもやってかなりの財産を残したからである。ロンドンのウェストミンスターにある家屋敷とその付近の地所《じしょ》とがベンサムのものとなった。これだけあれば、一生妻帯することなく、酒もタバコものまず、日常生活もきわめて質素で、社交界に出入りすることを極端にきらったベンサムには十分であった。かれはこれといって一定の職業についたわけではなく、また定収入もなかったが、この遺産のおかげでひたすら学問の研究に没頭し、その他さまざまの社会的・文化的事業に財政的援助をすら行なうことができたのである。

ベンサムの仕事を厳密に年代の順をおってのべることはなかなかむずかしい。かれは同じ時期にいくつかの仕事を企てる癖《くせ》をもっていたし、原稿は書かれたあと長いあいだそのままに放っておかれたからである。しかし、一七九〇年から一八〇〇年までのあいだ、つまり、ほぼ四十歳ごろから五十歳ごろにかけての期間が、かれの生涯のうちでも最もみのり多き時代であったことは明らかである。この期間にかれの名がそれによっていよいよ世に知られるにいたった多くの作品がつくられた。その研究の一つは、当時のイギリス社会の大問題であった「救貧法」の欠陥についてであって、かれは、一八三四年の同法改正に具体化された諸原理の多くをすでに先見していた。またかれは、政府年金公債の発行についても一つの提案をし、そのためにいろいろの政治家や博愛主義者たちと手紙のやりとりをして意見を交換している。すでに政治学と法律学との分野において十分に原理的・哲学的なみとおしをもつことができたベンサムは、今や四十歳代の人生の最も油がのった時期において、イギリスが当面する具体的な諸問題について、そのするどい批判と建設的意見の提案とを、やつぎばやに行なったのである。

ニューラナーク

詩人ウィリアム＝ワーズワースは、一八〇二年の夏に、フランスを旅行して帰国したとき、ロンドンの町の印象を次のような詩に表現している。

ロンドン　一八〇二年
おお友よ！　なぐさめをさがす手段《すべ》をかれは知らない
心はかくも重い、今はただ人の世の装《よそお》いは
うわべをかざるだけのものだと思えば
それは職人や料理番の安手《やすで》の器用な作品にすぎないのだ
あるいは馬丁《ばてい》の！　小川のようにきらめいてわれらは流れなければならない
ひろびろとした陽光のなかを。さもなければみじめなものだ
われらのなかの一番の大金持ちが人間として最上のものだと思われている

ワーズワース

今や大自然と書物のなかの崇高なものはなに一つとして
われらを楽しませない。強奪、貪欲《どんよく》、浪費
これぞ偶像なのだ。そしてこれをわれらは崇拝するのだ
虚飾なき生活と高く持する心はもはやない

昔の人々の心を善きことに向かわせたあの素朴《そぼく》な美しさは
消えさってしまった。われらの安らぎ、われらの天真爛漫《らんまん》
家のおきての香をただよわせるけがれなき宗教、これも消えさってしまった
（『詩集』一八〇七年）

革命後の荒廃したフランスの国およびパリとくらべて、母国の虚栄とうわべをかざる風潮、とくにロンドンのような大都市における軽兆浮薄《けいちょうふはく》ぶりにおどろいたワーズワースは、その感情をこのような詩にうたいだしたのである。「とめどもなくふくらがる富によって、われわれのあいだに生ぜしめられ、促進せしめられた害悪」というそのときの印象は、けっして誇張ではないとワーズワース自身語っている。

ようやく目に見える社会的影響が産業革命の波のあいだにあわだちはじめていた。それはマンドヴィルが

「蜂の巣」にたとえたイギリスよりも、ちょうど一世紀後の、「世界の工場」をめざすイギリスのにぶい轟音《ごうおん》にも似たものであった。機械が人間を職場から追いだし、その代わりに貧困と病気が人間をみまうようになった。失業者は増加し、既成の労働者と新規の労働者のあいだに利害の衝突がおこり、やとい主と労働者のあいだのあたたかみのあった人間関係は次々に破壊されていった。人と人とをむすびつけるものはただ「お金《かね》」だけだった。人道主義は地におち、拝金主義が大手をふってまかりとおるようになってきた。

このとき、北部ウェールズの馬具商の息子《むすこ》ロバート=オーエンは、クロンプトンが発明した紡績機械に着目して、友人と共同事業で工場を始めた。やがて独立し、一七九一年にはマンチェスター最大の紡績工場の総支配人になった。オーエン二十歳のときである。そして一八〇〇年には、夫人の父があの有名な水力紡績機を発明したアークライトと共同で建設したニュー-ラナーク紡績工場の総支配人となり、産業界最大の事業家として名声を高めた。かれは自分の理想にもとづいて、多少の抵抗はあったが、技術上の改善と労働者の模範住宅の建設に力をそそぎ、とくに職工ならびにその子弟たちの教育と保護に大きな関心をはらった。かれの努力は一つの「社会的実験」としてヨーロッパにもひろく知られ、見学者があいついでおとずれた。ニュー-ラナークはこのようにして、一八一五年から一八二〇年にかけ

ロバート=オーエン

ては、改革主義者が一度はおとずれてみなければならない場所となった。そしてわがベンサムは、このオーエンのニューラナークにおける社会的実験への共同出資者の一人であったのである。

この時代のオーエンの思想は、一八一二年から翌一八一三年にかけて発表した四編の「人間の性格形成に関する諸原理の研究」という論文にみられる。人の性格は環境によってつくられるが、しかし、環境はまた社会の指導的人間の力によって創造される、というのがその主旨である。その後オーエンはさらに社会主義的立場を強化し、一八二五年には北アメリカに理想的な人類社会の模型として「ニューハーモニー平等村」という実験社会を建設する試みをしたり、工場法制定や協同組合運動に精をだしたりした。そしてまた、労働組合運動の先駆者として、一八三四年に結成された「全国労働組合大連合」の会長でもあった。オーエンの社会的活躍をささえた根本思想の最も重要な要素は、ベンサムの功利主義の倫理、すなわち、一般に人間の行動および政治の目標は「最大多数の最大幸福」を実現するにありとする倫理観であった。オーエンにとっては、ベンサムの功利説は疑うことのできない真理だと考えられた。のちにオーエンが大きな影響をあたえるようになったあのチャーチスト運動がかかげた選挙法改正の要求項目の原型は、すでにベンサムの政府論において理論的にその正当さが主張されていたものなのである。ベンサムはけっして社会主義者ではなかったし、オーエンもまたけっして過激な社会主義者ではなかった。かれらはともに、どちらかといえば理想家肌の改良主義者であった。しかし、ベンサムの思想がオーエンをとおして、チャーチスト運動やその後のイギリス社会主義の思想のうごきに対してあたえた影響は、けっして無視することはできない。

隠者の夕暮れ

フォードの僧院

一八〇八年にベンサムはジェームズ＝ミルとあい知るようになった。ベンサムは社交界がきらいで、そういう方面ではひっこみ思案《じあん》の人であったから友人は少なかった。数少ない友人はほとんど思想上の友人で占められていた。そのなかでも最も重要な役割を果たしたのがこのジェームズ＝ミルである。ミルは法律家としてはベンサムにおよばなかったが、哲学者としてはベンサムよりもすぐれていた。しかもベンサムに欠けていた実際的手腕を十分にもっていて、ベンサムの思想を政治改革に反映させたり、あるいはベンサムの思想の宣伝につとめ、多くのベンサム崇拝者をひきいてかれのためにつくした。ベンサムが、自分はあまり具体的にうごかないで隠者のような生活をしながら、実際面に多大の影響力をもちえたのは、実にこのジェームズ＝ミルのはたらきに負うのである。

ジョン＝スチュアート＝ミルはジェームズ＝ミルの長男の俊秀であったが、その『自伝』によれば、ベンサムがまだのちになってほど多くの人とつきあっていなかったころに、すでにベンサムとジェームズ＝ミルとはきわめて親しい友人になっていた。このころベンサムは、ロンドンの南の郊外ゴッドストンから数キロ離れたサリー＝ヒルの丘の、見晴らしのよいところに建っている、バローの別邸で毎年数か月を暮らすことになっていた。それでジョンも父につれられて、毎夏、長いあいだそこへよばれて生活したのであった。

一八一三年ころには、ベンサムとジェームズとジョンは、つれだってオクスフォードや温泉町バースや港町ブリストル、それから南にさがってコーンワル半島南岸の入江の美しいエクセターやプリマスの港、さらに東へ海岸づたいにポーツマスの軍港へと南部イギリス漫遊の旅をした。ベンサムは六十五歳、ジェームズは四十歳、そしてジョンは七歳であった。古い史蹟と由緒《ゆいしょ》ある建物、それに美しい自然の風景に満ちた南部地方の周遊旅行は、ジョンにとって有益であったばかりでなく、わがベンサムにもまたかぎりなき楽しみをあたえたものと思われる。否、実際ベンサムの長い生涯をとおして、こうした気のあった弟子《でし》とその息子の天才児をともなって旅行したころが、かれの最も平和で幸福な時代だったのではないだろうか。ほとんど無味乾燥とさえ思われるベンサムの学究生活の生涯に、こうしたやすらぎの経験がおりこまれている

西南部の温泉町バース

ことをジョンの筆によって知るとき、なにかほっとした感情にとらわれるのは、あながちわたしだけではないであろう。

旅行から帰ったあと、その年の冬に、ミル一家はウェストミンスターのクィーンズ=スクエアーにあったベンサムの持家を借りてそこへひっこしてきた。また一八一四年からは、ベンサムは毎年の半分を西南部ソマーセットシャーにあるフォード僧院《アベー》で暮らした。この僧院は、十二世紀のイギリス国王ステファンの時代に建てられたもので、十七世紀の半ばすぎに、検事総長のエドモンド=プリドウという人の手に渡ったこともある。美しい堂々たる中世風の建物で、大名屋敷のような大広間、広々として天井の高い部屋などは、十九世紀初めのイギリス中産階級の生活のけちくさい窮屈な外観とは似ても似つかぬものであった。しかも僧院のまわりは緑したたる森がとり囲み、滝の音がたえず聞えてくる、もの静かな自然の風物詩にあふれていた。ミル父子はこの僧院へもまた毎年常連としておとずれたのである。

名誉委員長

ベンサムの周囲にはジェームズ=ミルを中心人物として、ベンサムの弟子兼秘書であり、やがてベンサム著作集の編集者としてはたらいたバウリング博士、それにオースティン夫妻・フランシス=プレース・ブルーアム卿など当時の自由思想家たちが集まっていた。これらの人々はベンサムの『政府論断章』『原理序論』その他の著作を通じて、その思想に共鳴を感じたのであって、「民主主義的急進主義者」あるいは「哲学的急進主義者」とよばれる。しかし、ジョン=スチュアート=ミルによれば、

「哲学的急進主義」という名称は、ジェームズ＝ミルを思想の中核においた青年たちの小団体にのちになってつけられたものであって、これらの青年たちの物の考えかたは、ベンサムを親分とか指導者にあおぐといったようなものではなかった。それはむしろ、ベンサムの物の見かたに近代経済学の見地と十八世紀前半に活躍した心理学者デヴィッド＝ハートレー派の哲学とをむすびつけたものをその特色としたものである。

これと同じように「ベンサム学派」ということばも誤解をまねきやすい。世の人々が一個の学派と考えているベンサム学派も、ジョンにいわせれば、当時ジェームズ＝ミルの書いた物や談話に魅《み》せられて、ミルのきわめて特色ある政治上・哲学上の意見を多少ともとりいれた一群の青年たちが、ミルの周囲に集まっていたという事実以外にはなにも存在しなかったのである。ベンサムの周囲に一団の弟子が集まってきて、各自の思想をベンサム自身の口から伝授してもらったなどという説は実は根も葉もない話なのである。このことは、幼いころからベンサムの家に出入りしていたジョンのいうところであるから信用してよいであろう。ベンサムが人々におよぼした感化は、ジョンがいうように、もっぱらかれの著作を通じてであった。かれはその著作を通じて、人類の状態に偉大な影響をおよぼしたし、また現におよぼしつつある。ベンサムは組織家《オルガナイザー》としてはたらくなどということは苦手であったし、きらいでもあった。かれはあくまでウェストミンスターの自宅やフォード僧院の「かくれたる聖者」であることを欲した。そしてそれがかれの性格にふさわしい生きかたであった。

それだけに、ジェームズ＝ミルを仲間にえたことは、ベンサムの存在価値を高めるのに非常に有効であった。ベンサムはその生涯の前半においてはけっして民主主義的急進主義者ではなかった。貴族的特権政治に批判的であったとしても、それは、貴族の支配体制の崩壊を防ぐには、上からの改革が必要だという見地からの批判であった。ブラックストーンのような旧態依然の態度ではいけないというのである。しかしまた、ウィルクス一派や、フランス革命にあらわれたような暴力主義の革命は、ベンサムのとるところではなかった。一言をもっていえば、前半のベンサムは保守主義左派だったのである。ところがパノプティコンの提案以来、ベンサムは保守政党のやりかたに対して批判的となり、支配階級を信頼することができなくなっていた。そこへあらわれたのがジェームズ＝ミルだった。ミルは、政治的にも宗教的にも、当時の支配階級の人人から、おそろしく「いみきらわれていた思想の持主であった」(『ミル自伝』)。このミルが、ベンサムの観念のなかに眠っていた社会改革への情熱をひきだしたのである。であるから、ベンサムがミルを弟子にしてこれを哲学的急進主義者にしたのではなくて、反対に、ジェームズ＝ミルがベンサムを哲学的急進主義の名誉委員長にかつぎだしたというのが真相である。

この名誉委員長は独身者の気やすさもあって、夏と冬ですみかを変えたり、転地したり、かなり自由にふるまった形跡がある。一八〇八年には、健康上の理由でメキシコへいくことを真剣に考えたのだった。その国の高原ではイギリスのきびしい冬を避けることができ、かれの身体にふさわしい気候があると思ったからである。かれはいつもの熱心さでこの計画をとりあげ、親しい人々にも相談をかけている。またかれにふさわしく、メキシコ人の死亡率を徹底的に研究して健康条件を知る材料にしたりした。そして持っていくべき本を吟味《ぎんみ》して、ジョン＝コミンズの『イギリス法摘要』（一七六二〜一七六七）その他のものを準備したが、結局、このメキシコいき計画は実現しなかった。

なお、この前後にベンサムが研究した分野は多岐にわたっている。論理学の面では弟サムエル＝ベンサムの子のジョージ＝ベンサム、法律上の証拠に関する理論はジョン＝スチュアート＝ミル、義務論（倫理学）はバウリングと、それぞれ原稿の整理者は異なるが、ベンサムのあたえた材料を自由に処理、構成して、これらの整理者たちはそれぞれの作品を後年になってから完成させている。またスコットランドの高等民事裁判所の構成を修正する法案が問題になったことをきっかけとして、スコットランド改革のことに頭を突っ込んだり、イギリスの名誉棄損法をやっつけるパンフレットを書くなど、あいかわらず時事問題にふかい関心をよせたのであった。

おとろえぬ勉強

一八一七年にベンサムをフォード僧院にたずねたサムエル＝ロミリー卿は、ベンサムがまるで「王侯貴族のような生活」をしていたとのべている。しかし、それはけっしてぜいたくな生活という意味ではなかった。家が壮大であったというのである。そしてロミリーは書きくわえている。「わたしがベンサムを知ってからもう三十年以上にもなるのであるが、それ以来ずっとそうであったように、今日でも一日にきっちり六時間から八時間は法律および立法のことについて執筆することと、民法および刑法の編さんに時間を使っていた。そして毎日の残りの時間は、読書したり仕事に耐えうるだけの身体をやしなうために運動をやった。……法典編さんの仕事のために、朝食前と夕食後の散歩をやっていたのである」と。

法典編さんの仕事のほかにも、多くのことがフォード僧院のベンサムをつかまえてはなさなかった。一八一六年には、『クレストマティア』(実学)というベンサムの教育に関する著作が出版されている。これはパブリック-スクールなどの中等教育において、ギリシア語とかラテン語などの古典語の学習が優位におかれていることを攻撃して、自然科学の教授を推奨したものである。さらに教授法としては、当時のイギリスの牧師で教育家として有名であったアンドリュウ＝ベルや、これとならんで活躍したジョセフ＝ランカスターなどが提唱していた「助教法」という、生徒が相互に教えあう方法にベンサムは強い興味をもった。かれはベルおよびランカスターの教育システムに大いに期待するところがあって、かれの庭園の一部を提供して同教育システムによる学校をつくらせた。その中心となったのは急進的改革主義者の一人であったフランシス＝プレースで、かれは一八一七年以来家業を息子にゆずって、フォード僧院にベンサムやミルとともに暮らした人である。そしてベンサム自身は寛大にかれの財布《さいふ》とペンによってこの学校を援助したのである。

フォード僧院で書かれたものに、なお、『イギリス国教会とその教義問答吟味』がある。ベンサムの友人たち、とくにロミリーは強くその出版をみあわせるようにとすすめた。ロミリーは人をつかわして、「ベンサムよ、もし君がこれを出版すれば、君が告発されることは、わたしが自分の存在を疑わないと同様に疑いのないところである。そして、もし君が告発されれば、君が罰をうけることも同じくたしかである……」と忠告

オクスフォード大学

した。しばらくのあいだこの本は秘密出版の形で売られた。そして「オクスフォード卒業生著」ということで広告された。ところがなにも告発事件がおきなかったので、ベンサムは自分の名前を明らかにした。それは一八一八年のことであった。

このほかに、この前後にフォード僧院で書かれたものには、聖ポールはイエスの原始キリスト教をゆがめたということを論証した『ポールにあらずしてイエスなり』(出版は一八二三)があったし、また、すでに一八一三年に書いておいたもので一八一七年にだしたパンフレット『宣誓無用論』があった。これは法廷における宣誓が反キリスト教的であるばかりでなく有害無益であることを摘発したものであり、二つのイギリス国教派の大学であるオクスフォードとケンブリッジ、とくに前者の入学に際して行なわれる学生の宣誓の不道徳性をすっぱぬいたものである。ベンサム自身の若き日のあの苦い経験がこのパンフレットが書かれた遠因であったことはいうまでもない。ナポレオン戦争が終息して、ヨーロッパ全体が、ウィーンの森からおそいくる反動的体制におちいっているとき、わがフォード僧院の聖者ベンサムは、このようにあい変わらずおとろえを知らぬ学究と評論の生活を続けていたのである。

『ウェストミンスター評論』

一八二〇年代においては、保守党は『クォータリー評論』、自由党は『エジンバラ評論』と、それぞれの政党機関誌をもっていて、これらの評論雑誌は相当人気もあり力をもっていた。そこでこれに対抗するために、急進派にも機関誌が必要であるということがジェームズ＝ミルとベンサムのあいだでは話題になっていた。一八二三年になって、ベンサムは私財を基金として投じ、『ウェストミンスター評論』を創刊してミルにその主筆になるように求めた。しかしミルは、本職の東インド会社関係の仕事とかちあうという理由で主筆をことわり、バウリングが主筆となった。この辺の事情は、ジョン＝スチュアート＝ミルの『自伝』によれば、ジェームズ＝ミルは人間的にバウリングを信用できず、ベンサムが評論誌発刊に際して、バウリングを参画させていることに不満を感じたのが真相のようである。ジェームズ＝ミルは、バウリングが責任者となったこの雑誌の前途を楽観できなかったが、ベンサムをみすてることもできないというわけで創刊号に論文を寄稿した。その論文は『エジンバラ評論』の第一号からの全部を総括的に批評することによって自由党を論評したもので、これにはジョンの力もかなりくわわったのであるが、これが『ウェストミンスター評論』がその創刊号から社会に大きな反響をひきおこした原動力となった。

この論文で、ジェームズ＝ミルは、『エジンバラ評論』の特質を明らかにするために、急進派の見地からイギリス憲法を徹底的に分析、批判した。そして、それが全く貴族主義的な少数の特権階級による政治体制にほかならないことを明らかにし、自由党は保守党と同じ穴のムジナにすぎないと論じた。これほどおそるべき攻撃が自由党およびその政策にくわえられたことはまだ一度もなかったし、また、急進主義のために、これほどの気炎があげられたことはイギリスでは初めてのことであった。

ところで、『ウェストミンスター評論』は、翌一八二四年には、ほかに計画されていた文学雑誌と合併して出版されることになり、その後も哲学的急進派の人々の論文を多くのせたが、バウリングの経営下で財政困難におちいり、ミル父子その他の執筆者は原稿料なしで論文を寄せていた。しかしついに、バウリングのやりかたに不満であったミル父子は執筆をことわることになった。それは一八二八年のことである。さらにそののちに、ジョン＝スチュアート＝ミル自身が、急進派のために新しい機関誌が必要であるとして、一八三四年に友人と共同で『ロンドン評論』をだし、やがてこれが、気息えんえんたる状態にあった『ウェストミンスター評論』――このころの所有者はトムソン将軍――を買収して『ロンドン－ウェストミンスター評論』となるまで、ベンサムが最初に基礎をおいた政治評論雑誌はとにかく継続したのであった。

ベンサム自身はほとんどこの雑誌に論文を書くということはしなかった。ただ一つかれが寄稿したのは、「ハンフリー氏不動産法」についての論文もしくは解説ともよばれるべきものであって、これは一八二六年にあらわれた。しかしベンサムは、ジェームズおよびジョンのミル父子・バウリング・トムソン将軍などのすぐれた執筆者たちに対して、大きな影響力をもっていたことはいうまでもない。そしてかれらの評論や提案によって、フランシス＝バーデットやウィリアム＝コベットらの急進派国会議員の、議会における政治活動をバックーアップしたのである。選挙法の改正、腐敗選挙区の廃止、穀物法の廃止と自由貿易主義の主張、労働問題の解決と社会立法の促進などがその主要な問題であった。ベンサムやミル父子が急進派の政策審議会の役目を果たしたとすれば、バーデットやコベット、そしてまたオーエンやシャフツベリー卿は、イギリス議会におけるそのスポークスメンであったのである。

ロンドン大学

すでにのべたように、イギリスではオクスフォードとケンブリッジの両大学が、古い伝統のもとに富裕階級の子弟を集めて古典的な大学教育をほどこしていたが、十九世紀も二十年代になれば新しい組織の大学が必要になってきた。一八二五年にトマス＝キャンベルはジョセフ＝ヒュームその他の有力な非国教会派の人々とはかって、新しい大学の創設運動をおこした。かれらの計画は、非国教会派の子弟が、事実上伝統的な大学の門からしめだされていたことに対する反対の立場から出発させられたものであったが、しかし、現実には特定の宗教の教義によらない大学という考えかたでことがはこばれるようになり、非国教徒のみの大学とは考えなかった。

一八二五年に発足した最初の大学評議会は、ほとんどすべての宗教宗派の代表者によって構成された。キャンベルとヒュームのほかには、政治家で歴史学者のマコーレーやジェームズ＝ミル、それにミルの思想的影響をうけた若き英才のジョージ＝グロートなどの名前もみいだされた。そしてベンサムもまた一回もかかさずに建設のための相談の会合に出席した重要メンバーの一人であった。ロンドン大学の創立精神は実にベンサムがみとおし、主張した、新しい時代精神そのものにほかならなかったのである。ベンサムが古い伝統的大学の入学宣誓を有害無益な虚偽とみたこと、かれがオクスフォード大学の生活そのものに、全く感激をみいだすことができなかったことについてはすでにのべた。金持ちの息子たちが全寮制度の学校でぜいたくな生活をし、社交クラブ化した娯楽施設で、役にもたたない談義にふけっているなどということは、くずれいく古き特権貴族の痴呆《ちほう》的状態にすぎなかった。こうした斜陽大学とは別に、新しく勃興してきた中産階級の子弟のための通学制大学をつくらなければならないというのが、キャンベルやベンサムらの考えかたであった。

一八二六年二月十一日に設立証書が起草され、同じ年のうちに大学の敷地となる土地がロンドンのガワー街に購入された。

現在のロンドン大学

そして一八二八年十月に、「ユニバーシティー-カレッジ」として開校されたのである。教育科目としては、言語・数学・物理・精神科学・イギリス法・歴史・経済学、それに医学教育に必要なさまざまの分野の科目があった。

ところがこの大学の支持者たちのなかに、大学が国家や国教会から完全に離れてしまうことに対して不安と不満をいだくものがあり、これが一八三一年に同じような組織をもつ「キングス-カレッジ」を創設するという結果をみちびいた。ユニバーシティー-カレッジがおもに昔のウィッグ党の系列をひく自由党系の人々や非国教徒・急進主義者たちによって支持されたのに対して、キングス-カレッジはトーリー党系の保守主義者やイギリス国教会派の支持をえていた。しかし、両カレッジとも学位をあたえる資格をもたなかったので、一八三六年に両者を合併してその本部を「ユニバーシティー-オブ-ロンドン」とし、教育の実際は両カレッジで行ない、試験と学位授与は大学本部で行なうということにした。そして両カレッジは、一八六九年には女子の入学を認めるなど古めかしいイギリスの大学教育に新風をおくりこむことになった。ロンドン大学がイ

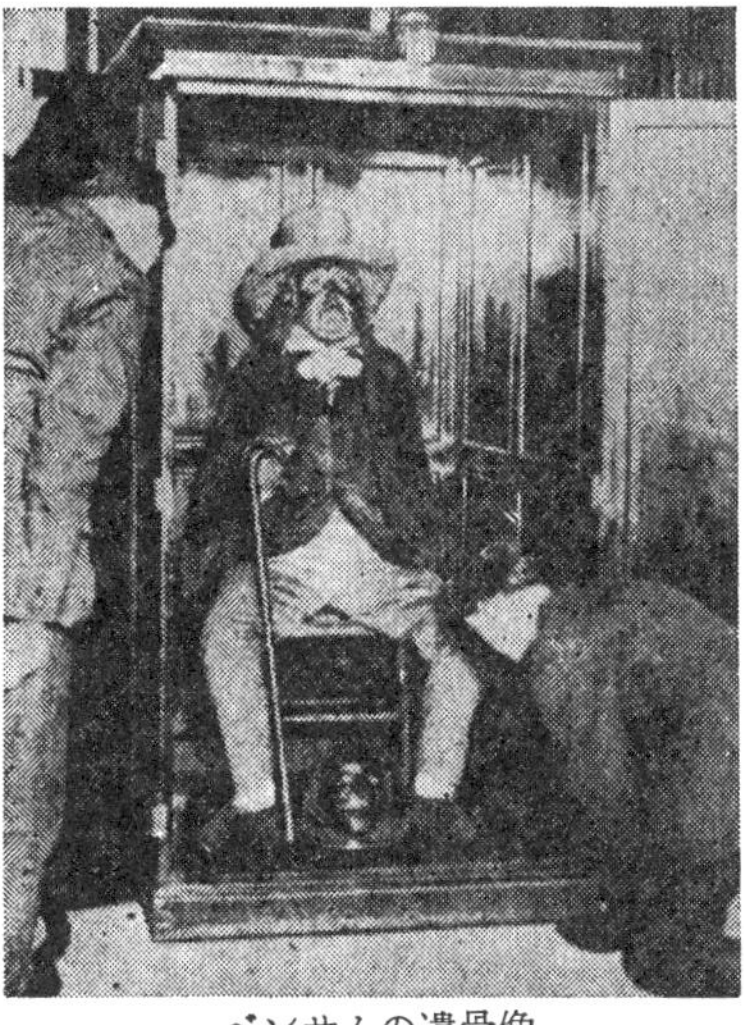

ベンサムの遺骨像
（「玉川百科大辞典」より）

ギリスで男女共学を許した最も古い大学であり、また、現在では夜間の聴講制度もできている。

　ロンドン大学が、ベンサムおよびベンサムによって影響をうけたすぐれた人々を多く含む評議会によって計画され、宗教による形式的な制約から解放された大学として設立された意図は、現在においてもなお脈々と生きている。ベンサムの死後かれの遺骨はつなぎあわされ、顔はロウでかためてつくり、それにかれがふだん着ていた服を着せ、日常愛用したステッキを持たせて、今もなおロンドンのユニバーシティー＝カレッジのホールに保存されているということであるが、これはなにも一時のきまぐれや異様なきどりからなされたことではなく、死んだ人間が生きた人間にとって役にたつにはどうしたらよいかということを、いつも真剣に考えていたベンサムの生前の強い意志によってなされたことなのである。かれは文字どおり「死せるベンサム生けるロンドン大学をうごかす」という自負心をもっていたのであった。そして、もちろん、ロンドン大学で学ぶものを通じて、全世界をうごかそうという、ファイトに満ちた人生を死後においてなお生き続けているのである。

怪談

　少年時代には身体が弱く、蒲柳の質で小柄であったベンサムも、としをとるにつれてじょうぶになり、健康体となった。そしていつまでも純粋な気高《けだか》い精神の涸《か》れることのない源泉であり続けた。ジョン＝スチュアート＝ミルがいっているように、「最後の最後まで、一個の少年（の魂を保持した人）」であった。八十二歳のときに友人の一人にこう書いている。「わたしは八十歳の坂をこえたが、心身ともになお元気で、貪欲《どんよく》に、もりもりと法典編さんの仕事をやっております」と。かれの最後の病気のときに、かれは医者に回復の見込みがあるかどうか教えてくれるようにたのんだ。見込みなしという返事をもらってかれはおだやかな調子でいうのだった。「よろしい。なおる見込みがないとすれば、それだけ苦痛も減るはずだ」と。どこまでも快楽や苦痛の多いか少ないかを問題にしているあたりは、いかにもベンサムらしいところである。かれは一八三二年六月六日、ロンドン市ウェストミンスター、クィーンズ－スクエアーの自宅で息をひきとった。享年《きょうねん》八十四歳三か月とすこしであった。遺体はベンサムの遺言《ゆいごん》により、友人たちの見ている前で解剖され、さきにのべたように、その遺骨はユニバーシティー－カレッジに安置されたのである。

ベンサムは晩年のロンドンの住居を「隠遁舎《いんとんしゃ》」と名づけ、静かに学究生活をおくった。かれが、幼時の体験としてすでに、「同情の苦痛」を味わっていたことは前にのべたが、この他人に対するふかい思いやりの心は死にいたるまで存続した。自分の死が近いことを自覚したかれは、召使いたちにその場にいあわせないようにいいつけた。かれらが主人の死の床にあって経験するであろうところの苦痛を避けさせ、必要のない心のいたでをうけないようにしようと考えたからである。かれの死の枕頭《ちんとう》にあって見守ったのはバウリング博士ただ一人であった。ベンサムは自分の忠実な友人であり伝記作者でもあるバウリングだけをはべらせ、その胸に頭をのせて息をひきとったのである。「話すのをやめたあとでかれは微笑し、わたしの手をかるくにぎった。かれはわたしを愛情をこめてながめ、目をとじた。なんの身もだえも、なんの苦痛もなく、ちょうど夕闇《ゆうやみ》が昼と夜の暗さとをまぜあわせるように、生はしだいに死のなかに消えていった」とバウリングはのべている。

大英博物館に、「みずからを彫《ほ》れる像。生者のための死者の効用。ジェレミー＝ベンサムの手稿よりの一断片」と題するかれ自身の手になる未刊の著作が残されている。かれがこの著作の資料をまとめたのは一八三一年の十二月であったが、文章をしたためたのは死ぬ年の一八三二年の三月までのことであった。その目的は、もし人間の死後の肉体が香料や薬を使って腐敗しないようにして保存されるならば、だれの肉体でもかれ自身の彫像たりうることを示すことにあった。自画像ならぬ自分の像をみずから彫刻することができるというのである。ベンサムが俗世間ばなれをした人間であることを示すためには、このとっぴで風がわりな著作を一例としてあげれば十分であろう。そしてかれは書いている。「田舎《いなか》の紳士がかれの邸宅にまで通じる並木をもっているなら、かれの家族の自彫《じぼり》の像が並木のかわりにたちならぶことになるであろう。ニスのうわぬりは像の表面が雨にやられるのをふせぐであろうし、ゴムは衣類がやられるのをふせぐであろう」と。かれは怪談を地でいくユーモアをも心得ていたようである。

人間ぎらい

人の長い生涯には、それぞれにその人の特徴を示すエピソードがあるものである。なんの変哲もない人生を送った場合でさえ、その変哲のなさを証明するような話はかならずみいだすことができる。王侯貴族や政治家やいわゆる有名人だけがすぐれた人生を経験するのではない。名もなき庶民の哀歓《あいかん》こもごもの生活こそ、実はこの世をささえるなにものにもかえがたい尊いものであり、この人たちの履歴書もまたほほえましく、風情《ふぜい》にとむエピソードでつづられることができるのである。ところがベンサムは名もなき庶民ではなく、むしろ「王侯貴族のような生活」をした人であり、政界きっての理論家であり、遠く諸外国にも名の知られた学者であった。そしてみずからの遺骸《いがい》を公衆の面前にさらして今なお世界ににらみをきかせている、いっぷう変わった「哲学者」である。かれにもまたその風貌《ふうぼう》を伝えるエピソードが多いのはおどろくにあたらない。

ベンサムは幼いころ、田舎の祖母の家の倉から昔の剣をもちだして野ネズミを追いまわして遊んだ。この野ネズミたちはベンサムにとっては心の友であった。かれは、それ以外にはほとんど遊び仲間の子どもたちをもたなかったからである。ベンサムが動物を愛し、その虐待をいましめ、動物愛護の立法を提唱したことはかれの博愛主義を示すことがらであるが、生きとし生けるものへの愛情は幼いころからのベンサムの心情のうちに、一面において人間ぎらいの感情をともないながら芽ばえていたものである。人間はうそをいい、虚飾によって自分を主張し、偽善をこととする。ベンサムはそれがきらいだった。ところが動物たちは正直である。あからさまであり、天真爛漫《てんしんらんまん》である。それゆえに、ベンサムは動物たちを愛した。かれは一匹のネコをかれのいわゆる「隠遁舎」に飼っていたが、このネコはいつも街のなかまで、かれのあとについてでかけるのだった。かれはまた書斎《しょさい》では一群のネズミと友情をつちかった。ネズミたちはベンサムのひざにのぼってパンくずを食べるのだった。ベンサムの生涯はどうもネズミとふかいつきあいがあるようである。ベンサムはまた草や木や野原の自然を愛好した。かれはとくに、イギリス南部の自然の風物を好み、旅行をして楽しみ、またフォードの僧院を別荘にして住んだ。庭園はかれの趣味であった。外国から送ってもらった草花の種をまき、苗を友人に分けてやることも喜びの一つであった。もともと化学の実験を好むような人柄である。植物を愛することによってかれは自然の秘密にふれる喜びを味わったのである。

ベンサムはあまり人づきあいを好まなかった。学問や思想のこと以外のふつうの社交的な交際はほとんどしなかった。しかし、かれの他人に接する態度は概していていねいであり、人に悪感情をあたえないように心をくばった。ただ、ときには変哲ぶりを発揮して野人らしくふるまうこともあった。とくに相手が尊大な態度にでたり、名声や権威をかさにきたりした場合には、ベンサムのほうもかたくなに意地をはってみせるのであった。かれが若くしてブラックストーン教授の学説にまっこうからたてついたのも、こうしたベンサムの人生態度のあらわれの一つであったにちがいない。フランスの有名な女流作家であったスタール夫人が、一度ベンサムをおとずれて面会を求めたことがあった。このときベンサムは人をつかわして、かの女のほうでどんなにいうべきことがあっても、かれには格別いうべきこともないので、インタビューする必要を認めない、といって面会を謝絶してしまった。このときスタール夫人がどんな態度で訪問したのかはつまびらかではないが、初めての客にとっては、それがどのような有名人であっても、フォード僧院やウェストミンスターに隠遁している主人公をつかまえることは容易ではなかったようである。そしてベンサムについて想像されることは、かれは「女ぎらい」であったのではないかということである。このことはわたしの想像にすぎないのであるが、若いころのバウッドでの体験を考えあわせてみると、あながち無理な想像でもないように思われる。

正義の硬骨漢

ベンサムはその幼児や少年の時代をそれほど愉快におくったとは思われない。親のかれに対する過大な期待と、かれ自身の内気な性質や身体の弱さのせいで、幼なじみの友だちもなく、早すぎるほどの英才教育の犠牲において、たくましさの欠けた初期の人生航路をたどらなければならなかった。ウェストミンスターの学校もオクスフォードの大学も、かれにはなんの感激もない灰色の空間にすぎなかった。しかし、こうした環境に育ちながら、ついにそのもちまえの才能を十分に発揮し、いわば功り名とげた人生をおくることができたのは、かれの精神に、暗さを克服してつねに快活にふるまうことのできるくったくのなさがあったからである。われわれはベンサムに、じめじめとしていかにも深刻ぶった人間というものを感じることができない。またその反対に、かるがるしく傍若無人《ぼうじゃくぶじん》のふるまいをする思慮なき人間などではむろんない。つねに用意周到で、しかも快活にことを処理しうる大人《たいじん》、これがベンサムの本当の人物像なのである。

かれはとしをとるにつれて人生を楽しむようになり、快活で楽天的になった。そして若々しい精神を死ぬまで保持した。八十歳になってもなお、「わたしは若い人々にかこまれて生活している。しかも、おおむねかれらよりも元気である」と書くことができた。かれは、そのころ、ダニエル＝オーコンネルを自宅に招待した。オーコンネルはアイルランドの出身で、全生涯を旧教徒の解放とアイルランドの分離、独立のためにささげた

ジョージ3世

人物であり、ベンサムよりは二十七歳も若かった。このオーコンネルに向かってベンサムは、健康のために自分といっしょに庭を歩きながら話し合うことを約束し、つけくわえていった。機智においてベンサムがオーコンネルよりもどのようにおとっているとしても、快活さにおいてはベンサムのほうがまさっていることがおわかりになるでしょうと。

　父親の切なる願いをふりすてて弁護士になることをやめ、学者としての道をつらぬいたベンサムには、意志の強い自主独立の精神のたくましいところがあった。かれは利己的な卑劣な行動を軽蔑《けいべつ》し、いかなる権力者とも決然としてあい対した。ジョージ三世の治世下にイギリスの政治は反動化したが、それを可能にしたのは貴族が議会をおさえているという事実であった。ベンサムは生涯の後半においては反貴族の立場を強化し、ジョージ三世の政治に対してはするどい批判者としてあらわれた。

　一七八九年にジョージ三世のそそのかしによって、デンマークの宮廷で、ロシアと国交を断絶せよという宣言が発表されたとき、ベンサムはすぐにこれに反対し、「反マキァベリ」という題のもとに、書簡の形式で理非をつくしてその宣言を批判した。そしてこれを『パブリック-アドバタイザー』に公表し、デンマーク宮廷の、ひいてはジョージ三世の、好戦的政策を大衆の目前に暴露した。この書簡に対する返事が「パーティザン」という署名で書かれたが、これに対してもまた、ベンサムは容赦《ようしゃ》のない批判をくわえた。かれはこの返事がジョージ三世の筆になるものであることを確信していた。しかし相手が国王であろうとなかろうと、ベンサムの筆の力は衰えなかった。そしてこのように国王に対してたてついたおかげで、国王の心証を害し、ベンサムが熱情をこめて計画したパノプティコンはお流れになったのだとかれは信じこんだのである。

ベンサムはロシアへ旅したこともあり、パノプティコンも実はロシアで弟からヒントをあたえられたものであった。かれの心のうちには北方の荒涼たるロシアの平原を愛する気持ちがかなり強かったのではあるまいか。そのロシアの法典整備の仕事にベンサムが協力しようという希望をもったことに対して、ロシアの皇帝から感謝のしるしにダイアの指輪を送ってきたことがあった。しかしベンサムは、包みのシールさえはがさずにそのまま送り返してしまった。高価なものをもらうことによって義理にしばられてしまうことをきらったのである。かれはこの意味でも、自由を愛した、清潔な隠者風の学者として、その一生をつらぬいた正義の硬骨漢であった。

党派性

ベンサムの書く文章は、晩年になると、ジョン＝スチュアート＝ミルがいっているように、「世間にも知られているとおりに重苦しい、まことに厄介千万《やっかいせんばん》なもの」になった。これは、ミルにいわせれば、学問上の正確さを愛するというベンサムのすぐれた性質が、度をすぎたものであったからである。そのためにかれは、文章のまんなかに挿入句を入れ、さらにそのなかにまた挿入句を入れるという調子だったので、読者は、文章全体の意味をつかむにあたって、さまざまの修飾や限定を気にしなければならない。そこに重苦しい感じがでてくるのである。この傾向は、ベンサムがとしをとるにつれてますますひどくなり、ついにかれの文章は、なれない読者にとっては最もほねのおれる読物になってしまったのである。しかし、かれの若いころの作品、たとえば、『政府論断章』などの文体は、その内容の充実していることとあいまって、すがすがしくなだらかな点において、ほとんどほかに比較できるものをもたないほどの模範文である、とミルはいっている。

ベンサムの文体が悪くなりはじめたのは一八一〇年代からである。フォード僧院の隠者は俗耳《ぞくじ》にうったえるにはあまりにも超俗的なことばを使った。かれは自分の学説を展開するのに新しい学術用語をでっちあげた。その場合、しばしばもとになることばの起源や発生経路のことなどは全く無視して、新しいことばをつくりだしたのである。かれの造語で、そののちにも一般に使われているものは、しかし、あまり多くない。「国際的」(international)、「法典化する」(codify→codification)、「最小にする」(minimize) などがその例である。これら以外にも多くの新造語があったが、あまりにも乱暴すぎて一般に採用されるまでにはいたらなかった。「パノプティコン」の着想も刑務所改善用に採用されずじまいであったし、この語自体も一般化されなかった。

しかし、新しい学術用語を必要とするということは、新しい概念(考えかた)や観念が次々と頭にうかびあがってくることの証拠でもある。他人の学説や思想の整理や解釈をやっている場合には、それほど新しい用語は必要ではないが、複雑な現実に対処して、その問題の解決に苦慮する場合には、どうしても新しい着想（観念）にもとづく新しい方法が必要になってくる。ベンサムは、イギリスの民法や刑法や憲法の「法典化」の問題を中心とした具体的問題に対して、つねに改革の指針をあたえるべく努力したのである。

俗事には用意周到であったベンサムにも、学問上ではやや強引《ごういん》なところがあった。用語の新造はその一例であるといえる。かれは読者の理解しやすさなどを全然念頭におかずに文章を書いたし、また自分自身の見解とちがう見解をいだく人や、かれが理解しようと努めなかった見解をいだく人に対しては、不寛容でありがちだった。自分と意見のちがう人々のことを、かれは、「汚職政治家」「まぬけ」「ならず者」などとよんだ。こういう点では、かれは偏屈な隠遁《いんとん》の哲学者であった。すべてを自分の標準でしかはからなかった。

かれはインドの問題についていろいろ参考になる意見を提出したが、インドの土着の法律や慣習についてはなんの好奇心をも示さなかった。かれにとっては、インドに適用されるべき法律もイギリスのそれ以外には考えられなかった。かれは真理を愛した。ひたすらに真一文字に真理を求めた。そしてかれにとって真理とは、十九世紀イギリスの哲学的急進派にとって真理であったもの以外にはありえなかった。この真理についての頑固《がんこ》な党派的な信念が、実はかれの全業績をささえたのであり、同時にそのことがまた、ベンサムの思想、学問の欠点でもあった。ジョン＝スチュアート＝ミルはいっている。「ベンサムの哲学には真理ならざるものはほとんどない。かれの書いたもののうちまずい部分は、かれが見ないことのすべてや、かれが承認する真理以外のすべての真理を、否定している部分である。」おそらく、これが哲学者ジェレミー＝ベンサムについての最終的な評価であるといってよいであろう。

＊ Benthamという名の発音は、英語では〔bénθəm〕という場合と、〔béntəm〕という場合の二とおりがある。日本でも従来「ベンサム」とよばれたり、「ベンタム」とよばれたりしている。どちらも正確ではないが、どちらもまちがいというわけではない。本書では、「ベンサム」とよぶことにした。

Ⅱ ベンサムの思想

功利の原理

アマチュアの哲学

ベンサムが子どものころに、マンドヴィルの『蜂の寓話』(一七〇五)を読んだことについてはすでにのべた。この本は、十八世紀初頭のイギリスの繁栄の陰に、虚飾と偽善がはびこっているようすをうたった狂歌であるが、同時にそれは、古い貴族主義のモラルがはかない欺《ぎ》瞞《まん》と化し、なかみの見えすいた形骸《けいがい》になりさがっていく背後に、新しく社会的に台頭してきつつある近代市民階層の露骨な営利追求の態度が、そのまま新しいモラルとして確立しはじめていることを示唆《しさ》するものであった。「武士は食わねど高楊枝《たかようじ》」といったみえをはっていた貴族や僧侶の階級は、商売人や工場経営者などの平民のものどもが、どんどん利潤をあげて生活を豊かにしていくのをみて、かれらを「悪漢」とよんでののしった。そのくせ貴族や教会自身は、陰では田舎に大きな土地をもつ領主として、農民をいじめ、苦しめていたのである。

ところが、ロンドンとイギリスの繁栄は、実はこの「悪漢」どもがもたらした「けがの功名」だった。そして、もちろん貴族も教会もその大きなおこぼれをちょうだいすることができた。ちょうだいしながら、かねもうけに顔をしかめることこそ偽善の最もはなはだしいものである。平民の利潤追求の生活態度は、悪徳であるどころか、これこそが社会全体の生活を幸福なものにしていく原動力ではないか。正直にこの事実を認めて、古い偽善のモラルをすてたらどうか。これがマンドヴィルの『蜂の寓話』の根本精神であった。今や虚栄の殻《から》をかぶったうわべだけの道徳ではなく、自然のままの人間の利己的動機こそが、かえって公共の福祉に資するのであるという逆説が、ロンドンの大道を濶歩《かっぽ》しはじめた。マンドヴィルが「私人の悪徳は公共の利得である」とか、「悪漢化して正直者となる」といったのはすべてこの意味においてであった。

ベンサムが生きたイギリスの社会は、マンドヴィルがみとおした方向に、マンドヴィルの時代よりもはるかに大規模に展開をとげ、さらにそれ以上に無限に発展する可能性を秘めた社会であった。マンドヴィルの時代には、イギリスの資本主義はまだ商業資本主義の段階にとどまっていたが、ベンサムの時代になると、商業活動を通じて蓄積された資本をもとにして、さまざまの工業を大規模におこすところの産業資本主義の段階にすすんできていた。各種の機械や技術の発明がこの進歩をたすけたことはいうまでもない。ベンサムはいわゆる「産業革命」の時代のさなかに人となり、そして産業資本家たちの要求によって、選挙法の改正案が議会を通過した一八三二年にその生涯を終わった。この事実は、かれの思想を学ぼうとするものにとっては、まことに象徴的な意味をもっている。

ベンサムは偉大な思想家であった。かれは日本では常識的に功利主義の哲学者として知られ、その倫理思想がとくに重要視されてきたのであった。しかし、たいていの場合、あまり学ぶに値しない思想だという結論があらかじめ用意されていて、他の倫理思想——たとえば、ドイツ理想主義やマルクス主義、あるいは東洋のもろもろの精神主義の倫理思想――をひきたてるためのワキ役を演じさせられるのがつねであった。たしかにそういう面がベンサムにあることは否定できないが、ベンサムによっていたいところをつかれた世俗的な哲学者たちが、それこそ「武士は食わねど高楊枝」式の反発をベンサムにくわえているにすぎない面もあるのではないか、ということを反省してみる必要がある。

もう一つたいせつなことは、ベンサムは初めから「哲学者」になろうと思ったのではなく、法律の勉強をしているうちに、法律をうごかす人間というものが根本的に理解されなければ、法律は全く小手先の技術になってしまうと考えて、哲学の勉強にはいっていったのだということである。かれはけっしてプロの哲学者ではない。むしろ哲学ではかれはアマチュアなのである。ところが哲学のアマチュア性はイギリスでは伝統的なことなのであって、ベーコン・ホッブズ・ロック・ヒューム・バークリー・アダム＝スミス、そのほかベンサムの先輩にあたるイギリスの「哲学者」たちは、すべて職業哲学者ではなかった。かれらはみなオールラウンドの学者・思想家であって、政治・経済・法律・歴史・宗教・自然科学のどれにも一家言をもち、世界的なレベルで研究を行なった。スミス以外のだれも大学の教授ではなく、アマチュアであるところにかれらの発言のユニークさがあり、独創性の豊富さが約束されているのである。ベンサムが、日本では哲学者たちよりも経済・社会思想史学者によってよく研究されているのもこのあたりに理由がある。

功利性

『政府論断章』(一七七六)の序文ですでにベンサムは、「正および邪の標準は最大多数の最大幸福である」という、かれのすべての理論の基礎原理となるべきものを表明している。この「最大多数の最大幸福」という用語は、すでにのべたように、イタリアの法律学者ベッカリアからベンサムが引用したものであるという考証がなされているが、その内容となっている考えかたそのものは、イギリスにおけるベンサムの先輩たちによって用意されてきたものであった。たとえば、ベンサムよりも一時代前の哲学者フランシス＝ハチソンや、ベンサムと同時代の人で、少し年長の神学・哲学者ジョセフ＝プリーストリーなどがそれである。そしてベンサムはこの原理を「功利の原理」(The principle of utility)と名づけたが、「功利」ということを正邪・善悪の区別の標準としてはっきり主張した哲学者には、ベンサムが生まれたころはなばなしい著作活動をしていたデヴィッド＝ヒュームがあった。ヒュームは、あの『蜂の寓話』が伝えている、新しいモラルに向かいつつある社会の一般的風潮を、理論の形で表現したのである。

ベンサムの哲学ならびに倫理学に関する思想を知るうえで、最も重要な内容をもつ著作は、いうまでもなく『道徳および立法の原理序論』である。この本は、初め一七八〇年に印刷にふせられたが、公刊されたのは九年後の一七八九年であった。そしてさらに、著者自身の最終的な訂正をくわえて一八二三年に新版がだされた。ふつうわれわれが利用しているのは、この一八二三年の新版本である。その開巻第一ページの本文は次の文章から始まっている。これはあまりにも有名なものであるので、最初の段落だけを全訳しておこう。

「自然は人類を快および苦という二つの君主の支配下においた。われわれがなすべきところのことを指示するとともに、同じく、われわれがなすであろうところのことを決定するのは、ただ、これらの君主だけである。一方においては正邪の標準、他方においては原因と結果をつなぐくさり、この二つはともに快苦の玉座にむすびつけられている。われわれがなにをしようと、われわれがなにをいおうと、われわれがなにを考えようと、そのすべてにおいて快と苦とがわれわれを支配する。われわれがこうした隷属《れいぞく》状態をのがれようとしてなしうるいっさいの努力は、かえってこの隷属状態の事実であることを証明し、それを確実なものにするのに役だつだけである。口では快苦の支配をのがれるのだとうそぶくこともできよう。しかし実際には、依然として四六時中それに隷属したままにとどまるのである。功利の原理はこの隷属の事実を認め、それを、理性と法律の手によって、至福《しふく》の建物をたてることを目的とする理論体系の基礎たらしめようとするものである。この原理に疑いをさしはさもうとするもろもろの理論体系は、意味の代わりにたんなることばを、理性の代わりに気まぐれを、光明の代わりに暗黒をとりあつかうのである。」

さて一八二三年の新版には、この「功利の原理」という名称について長い説明がつけくわえられた。それによると、ベンサムは、初めは「功利の原理」という名称を使用していたのであるが、新版をだすころには「最大幸福の原理」とか「最大至福の原理」という用語をおぎなうか、または、これらによって代用するのがよいと考えるようになっていた。それはなぜかというと、ベンサムの意図は、けっしてたんに個人の行為を個人の快苦だけにむすびつけて論じようとしたのではなく、社会全体の人々の、つまり公共の快苦（幸・不幸）とむすびつけて論ずることにあったにもかかわらず、「功利」ということばはかならずしも「幸福」

ということばほどには「快苦」の観念にむすびつかないし、また、社会公共の立場へのつながりをみいだすことが困難であったからである。しかし、もちろんベンサムの頭のなかでは、初めから、「功利の原理」は「最大多数の最大幸福の原理」以外のなにものでもなかったのである。

「功利性」(utility)——すなわち快楽を生みだすという人間にとって有用な性質——をもって人間の行為を道徳的に善なるものと判断する標準にしようという考えかたは、ソクラテスの昔からヨーロッパにあったものであり、東洋思想にもむろんみいだされるものであるが、ベンサムが棹《さお》さしたイギリスの経験主義哲学の伝統のなかでいえば、ヒュームが最もきっぱりとこの立場をとっていた。ヒュームの哲学上の主著である『人性論』の知性論・情緒論に続く第三部「道徳論」で、かれは次のようにいっている。「一般的に考察して、人間の行為においては、不快をあたえるものはすべて『悪徳』とよばれ、同じく満足を生むものは『徳』と名づけられる。」そして、「心の有用な諸性質は、それらのもつ功利性のゆえに、有徳的である」と。これをまとめると、心がある性質をもっていて、それがある行為を導きだした場合、その行為が人間に快とか満足とかの感情をあたえるならば、その心の性質は人間にとって有用なものであり、功利性をもつといわれる。このことがその心の性質を有徳的なものにする、つまり一つの「徳」たらしめるのである。つまり功利

D. ヒューム

性こそが徳の根拠だということになる。

ベンサムは、「わたしはよくおぼえている。この問題にふれているヒュームの著作のその部分を読んだ瞬間に、わたしはあたかも目のかすみがとれたように感じた。そこでわたしは初めて、一般庶民が行為の根拠としているものこそが、徳の根拠とよばれるものであることを知った。……そこでは、すべての徳の基礎は功利性にあるということが……最も強い証拠をあげて説明されているのだ」とのべている。ただし、ヒュームは、功利性すなわち快楽への傾向が、すべての徳の標識であることを指摘することだけで満足したのであって、行為その他の事物は、それらが帰結するところの快楽もしくは苦痛の量によって、善もしくは悪であると判断されるのだと主張するところまではいかなかった。この快苦の量に着眼する量的功利主義は、ベンサムの場合には初めから大前提として採用された。このようにしてヒュームは、認識論の方面ではドイツの大哲学者カントを独断のまどろみからめざめさせたが、倫理学の方面ではベンサムの「目のかすみ」をぬぐいさってやったのである。

人類を支配するもの

ところで、『原理序論』の冒頭の段落は最も簡潔にベンサムの哲学、すなわち、かれの人間観・倫理観をいいあらわしている場所であるが、ここのところで注意されるべき重要なことが二つある。一つはかれの自然主義的な人間観であり、もう一つは行為の理由と原因とを同一視していることである。

「自然は人類を快および苦という二つの君主の支配下においた」ということは、いうまでもなく「人間は生まれながらにして快および苦によって支配される」ということである。これは人間のありのままの姿をのべたのであるが、「自然は人類を……」という文章は「人間は生まれながらにして……」という文章より、はるかに強く自然の圧倒的な支配を表現する力をもっている。人間は完全に自然の子でしかないのである。その意味では人間は自然の一部にすぎない。ところが自然の一部である人間が、自然そのものを自己からつきはなして、客観的に自然を認識する能力をもつようになった。それは自然が自己を認識することにほかならない。この認識能力は理性とか知性とよばれた。人間は理性ないし知性をそなえた自然の動物なのである。このように人間はそれ自身が自然でありながら自然と向かいあい、自然を認識し、自然にはたらきかけ、自然を征服することができる。それはベーコンがいったように「知性は力である」からである。この場合、人間の自然に対する向かいあいや認識やはたらきかけや征服のしかたそのものが、やはり自然の法則や自然の理法に完全に一致していて初めて首尾《しゅび》よく成功する、というように考えるのが「自然主義的人間観」の最大の特徴である。人間は自然をつきはなして客観化することができるが、そのつきはなしかた自体が自然の法則によって説明される。このように自然は人間を完全にその支配下においていると自然主義者は主張する。

　こうした自然主義的な人間観は、十七世紀のベーコン以来、十八世紀・十九世紀を通じて、イギリス思想史の主流派がいだいた人間観であった。かれらは人間の精神に関するもろもろの学問、たとえば、知識を獲得していく筋道《すじみち》を研究する認識論、心理状態を研究する心理学や美学、道徳を研究する倫理学、さらにすすんで政治学・経済学・法律学などの社会科学をも、すべて数学や自然科学の厳密な方法を模範としてうちたてようと試みた。ベンサムもまたこの伝統に忠実にしたがった。かれは「政治学ならびに道徳学の基礎を形づくるところのもろもろの真理は、数学のごとき厳密な、そしてすべての比較を絶するほどに、より一層《いっそう》綿密で広汎《こうはん》な研究による以外は、発見されることはできない」という覚悟で、『原理序論』の研究にとりかかったのである。

次に、「われわれがなすべきところのことを指示するとともに、同じく、われわれがなすであろうところのことを決定するのは、ただ、これらの君主だけである。一方においては正邪の標準、他方においては原因と結果をつなぐくさり、この二つはともに快苦の玉座にむすびつけられている」という部分に含まれる問題点である。快苦という君主が人間の行為について指示決定することに二種類のものがある。

A　人間がなすべきこと。これは正邪の標準によってきめられるものである。

B　人間がなすであろうところのこと。これは原因と結果をつなぐくさり（因果律）によってきめられるものである。

このAとBとは全く異なる決定事項である。Aは人間は快なる結果をもたらし、苦なる結果を避けるように行為すべきであるということである。それは快をもたらし苦を避けることは正（善）であり、快を避け苦をもたらすことは邪（悪）であるという倫理的理由によってそういわれるのである。したがってAは、正邪の標準による行為の倫理的な決定事項に属する。これに対してBは、人間は倫理的理由のあるなしにかかわらず、生まれつき自然に快を求め苦を避けるはずであり、それゆえに、かれの行為は放っておいても、この自然の法則（因果律）によって決定されるのだということである。自然の欲望が原因となって結果としての行為を生むのである。したがってBは、自然の因果律による行為の心理的な決定事項に属する。

このAとBとは、このように性質が全く異なる二種類の決定事項なのである。ヒュームは、この二つを混同することに対して警戒的であった。なぜなら、もしAとBとが混同されるならば、人間は快を欲して行為するなら、いかなる行為でもそれは正（善）だということになるし、反対に、たとえば、自己犠牲の苦痛をはらって行なう他人のための行為はつねに邪（悪）になってしまうからである。自然の事実のなかにみられる行為の心理的な原因を、ある行為がなされる倫理的な理由としてしまうことは論理上の誤りであるというのがヒュームの考えであった。ところがベンサムは勇敢にこの区別を撤廃して、快苦を君主として、それによって命令される行為が倫理的に正当なものであると同時に、それが行為の自然の姿でもあると主張したのである。これは人間の行為というものをあくまでも一元的な明確な原理によって説明し、それにもとづいて政治学や倫理学を厳密科学として樹立しようとしたかれの意図のあらわれであった。

ベンサムは原因の代わりに理由をもってくる哲学者の誤りをとがめる。つまり哲学者は、人間が理性的存在である以前に行為的存在であること、人間は先天的衝動および後天的衝動をもつ生物であること、これらの衝動が知性によって秩序づけられ、方向づけられるのは、ただ漸進的《ぜんしんてき》にのみであること、そしてこの知性のプロセスはけっして完結しないものであること、これらのことをみおとしているというのである。このようにベンサムは、徹底して自然主義的人間観の立場にたったのである。

快苦の源泉

さて、個々の人間はいつも自分の快を求め苦を避けるように行為しようとしているし、またそうであるべきだというのがベンサムの基本的な考えかたであった。この場合、快楽は幸福であり、苦痛は不幸であると考えられている。これらはほとんど同義語として使われている。ところで、われわれにとって快とか苦とかよばれる状態はどこからおこってくるのであろうか。われわれにとって、あることがらが快であったり苦であったりするのはなにによってきめられるのであろうか。ベンサムはこの問題に答えて、快苦の源泉には四つのものがあるといっている。

第一は物理的源泉である。たとえば、ローソクの火を消し忘れたために火事をおこし、財産を失ったり、やけどをしたりして苦痛をこうむったとすれば、かれは自分の不用心のゆえに、自然から制裁をうけたのだということができる。不節制のせいで頭痛に悩むのもその一例である。丹精した花がみごとに咲いてその美しさに幸福を感じるとすれば、これは逆に自然がかれにほうびをあたえたのである。このように、自然はその物理法則によって人間に快苦を認可したり、制裁としてくわえたりする。

第二は政治的源泉である。われわれは法をおかせば国家の権力によって罰せられる。罰は苦痛である。また、りっぱな行ないをつみかさねると、国家や地方団体から表彰されたり勲章をもらったりして名誉をあたえられる。名誉は快楽である。このように一つの権力をもつ国家のような団体として組織された社会によって行使される刑罰や報償が、われわれに快を認可したり苦を制裁としてくわえたりする政治的源泉である。

第三は道徳的源泉である。ある人が病気になったとする。ところが、かれは日常生活で道徳的に欠陥があり、隣人から嫌悪《けんお》されていたので、だれもかれの世話をしてやらなかったとする。隣人たちはかれを援助する法律的義務はないのである。しかし、援助しようと思えば援助できるはずである。それなのに放置しておくのはその病人にとっては苦痛である。この例においては、かれは自分の不道徳のゆえに、隣人から道徳的制裁をうけたのである。こうした道徳的源泉からくる快苦の認可や制裁は、社会の政治とは直接に関係のない善意や悪意からおこってくる。村八分などもその一つの例であって、村人の生活に大きな拘束力をもつことがあるが、しかし、こうした道徳的制裁にはうつろいやすく首尾一貫しない傾向がある。しかも、それはかならずしも公共の利益と厳密に一致するとはかぎらないのである。

第四は宗教的源泉である。これはこの世におけるとあの世におけるとを問わず、とにかく超越的で人間の目に見えない存在者、すなわち神の手によってわれわれに快や苦があたえられる場合である。不信仰や戒律をやぶったために神の不興《ふきょう》をかったり、あるいは神の不興を恐れるあまり、ついに気を失うというようなことがあれば、その苦痛は神に由来《ゆらい》するものであり、逆に、信心ぶかいことのおかげで神の加護をうけているという確信に快感がともなうとすれば、これももちろん神に由来するものである。

これら四つの快苦の源泉のうち、ベンサムが最も重要視し期待をかけるのは、政治的源泉に由来する政治的な快の認可と苦の制裁である。とくに国家が行使する刑法による制裁を、一般的幸福を個々の行為の正邪の標準とするかれの全学説の支点にすえる。実際、各個人は本来自己の快楽のみを追求すればよいはずであるのに、その行為に対して四つの源泉からの制裁、とくに政治的制裁と道徳的制裁がくわえられるのは、ベンサムの理論にたちはだかる重大な難点の一つである。マンドヴィルのいわゆる「悪漢」は、やはりどこかに「悪漢」の要素を残さざるをえないのであろうか。アダム＝スミスのいわゆる「見えない手」は、自己の快楽を追求する個人たちの利害の衝突を調和させることができないのであろうか。ベンサムは考える。いや、そのようなことはない。各個人が慎重に知性をはたらかせて、自分の快楽のために正しく行為すれば、それは必然的に「最大多数の幸福」、すなわち公共の幸福に資するはずである、と。ここから、かれのいわゆる快苦の量の計算が問題になってくるのである。

快苦の計算

快楽の増大と苦痛の排除ということが政治の目的である。したがって、法律をつくるにあたって、立法者がいつも念頭におかなければならないことも、そのことでなければならない。そこで快苦の価値の大小をはっきりわきまえること、快苦の量について正しく理解することが立法者にとって最もたいせつなことになってくる。Aという行為がaという快楽をうみ、Bという行為がbという快楽をうむとき、AとBとのどちらがより正しくより善い行為であるかは、aとbとのどちらが価値（量）のより大きい快楽であるかによってきまる。結果としての苦痛によって行為の邪（悪）を判定する場合にも全く同じ手続きでなされるのである。また同じことであるが、快楽を減少させることは邪（悪）であり、苦痛を減少させることは正（善）である。このときでも、快苦の価値の大小が量的にはかられることはもちろんである。

では、快苦の量の大小はどういうようにして計算されるのであろうか。まず一人の行為者だけを考えるならば、かれにとって、ある行為がもたらす快楽もしくは苦痛の価値の優劣、すなわち快苦の量の大小は、次の四つの条件によって異なってくる。

一　強さ
二　持続性
三　確実性および不確実性
四　遠近性もしくは親疎《しんそ》性

このうち四の遠近性とか親疎性というのは、その快楽が比較的早く獲得できるものか、または、しばらく時間がたたないとやってこないものか、などということの考慮の対象となるものである。もちろん近いほど価値は大きく、遠いほど価値は小さい。

ところが、一つの行為の結果である快苦はそれにとどまらないで他の快苦につながり、あるいは他の快苦を派生させる。登山は健康によく、風景の美しさを楽しむ快楽を結果するが、同時にその当座においては身体の疲労をともなう。あるいは手術をうけることは大きな苦痛であるが、そのあとでは健康な生活をおくることができる。そこで、このような行為にともなうさまざまの結果を考慮にいれて快苦の計算をするには、さらに次の二つの条件を設定しなければならない。

五　豊富さ

六　純粋性

五の豊富さとは、同一の種類の感覚によってともなわれる程度である。すなわち、快楽がさらに別の快楽をともない、苦痛がさらに別の苦痛をともなうことの程度である。六の純粋性は、五を反対側からみたものであって、反対の種類の感覚をともなわない程度である。すなわち、快楽がそれをうち消すような苦痛をともなうことなく、苦痛がそれをうち消すような快楽をともなわないということの程度である。しかし、ベンサムは、厳密にいえばこの二つは快苦そのものの性質とは認めがたいものであって、このような快苦をうむ行為または事件の性質にすぎないものであるから、快苦の計算のときというよりは、むしろ行為または事件の傾向を考慮し判定するときに着眼しなければならないことであると注意している。

最後にもう一つ、その快苦がおよぶ人々の数、いいかえれば、それによって影響をこうむる人々の数を計算にいれなければならない。すなわち、

七　範囲

の問題である。もしわれわれが、ある行為が社会に対してあたえる快楽（幸福）の量を評価しようとするならば、当然その行為によって影響をうけるすべての人間の一人一人について、別々に一から六までの観点にたって考慮しなければならない。

以上の七つが快苦の計算の条件である。計算は行為の主体者についてなされることはもちろんであるが、その行為のおよぶ範囲の全部の人間についてなされる。そして快苦の測定がなされたのちに、快楽と苦痛の両方を別々に合計し、快楽の合計から苦痛の合計を差し引いたときの差額がプラスであればあるほどその行為は正（善）、差額がマイナスであればあるほどその行為は邪（悪）という判定がなされる。しかし、このような計算が一つ一つの行為を吟味するにあたって、果たして正確に行なわれることができるであろうか。この点については、ベンサムは次のようにいっている。「このような手続きは一つ一つの道徳的判断、あるいは一つ一つの立法的もしくは司法的操作にさきだって厳密に遂行されるべきであると考えてはならない。ただつねに眼中にとどめておけばよいのである」と。

ベンサムが提出した快苦の計算は、それ自身としてはそれほど重要なことでもないし、常識的にはだれでも、自分や他人の行為を評価するときにばく然とではあるが頭のなかで行なっていることを、やや機械的に詳細にいいあらわしたものであるにすぎない。また、厳密な計算が可能であるとはベンサム自身も考えてはいなかったのである。ただかれの方法の重要な特徴は、快楽や苦痛の質の差には目もくれずに、徹底的にそれらを量に還元して、計算可能なものとして理解しようとした点である。倫理学や政治学を厳密な科学にまでしたてあげるには、それらを快苦の量の計算を基礎とする学問にしなければならないとベンサムは考えたのである。

行為のおよぶ範囲とか、影響をうける人々の数というような考えかたの底にあるものは、個人主義も、それが理性によって指導されるならば、むしろ公共の幸福につながることができるのだという理論的な可能性に対する確信であった。個人は自分の快楽（幸福）を追求するにさいしては、自分以外の人々のこと、いいかえれば、社会公共のことを考慮せざるをえないのである。政治的制裁や道徳的制裁が存在するということがその証拠である。しかしベンサムの理論においては、快苦はどこまでもまず個人の快苦として考えられている。ベンサムにとって、この世に人間として実在するものは個人のみであって、社会とはたんに頭のなかでつくりあげられた、実体のないフィクション（虚構）にすぎなかった。したがって、正邪・善悪に関する倫理の問題を考えるにあたって、社会性あるいは公共性といわれるものへの配慮が弱かったことは否定することのできない事実である。ベンサムは倫理とか道徳というものはもともと私的なもの、個人的なものだと考えた。そして公的なものとか社会的なことがらは政治や法律の問題であって、公共の幸福の増進と確保は倫理・道徳の責任事項ではなく、政治・法律の所管事項であると確信していたのである。

動機と結果

ベンサムの倫理説について批判されるであろうと思われる点の一つは、次のことである。すなわち、ベンサムの理論は結果主義の立場にたつ理論であるから、われわれの行為はそれがうみだす快苦の総量の算術計算のみによって正邪・善悪が判断されてしまう。したがって、どのように正しい善い動機からなされた行為でも、不慮の状況のもとに結果が期待どおりにならないで、邪(悪)なる行為とされてしまうことがあるであろう。また反対に、どのように邪なる悪い動機からなされた行為でも、その動機が外部にあらわれず、しかも、結果がたまたま善なるものであった場合には、正（善）なる行為とされるであろう。このようにベンサムの立場では、われわれの動機は全く考慮されないで、結果ばかりが重視される。これでは、結果さえよければ動機はどうでもよいという、あやまった倫理や道徳観念を是認してしまうではないか。これがベンサムの倫理説に対してくわえられる、まず最初の批判である。

こうした批判を予想して、ベンサムは、すでに『原理序論』において、くわしく人間の行為の動機と意図と結果と状況とについて論じている。かれの議論のしかたは、比較的初期の作品である本書においてすら、かれ自身が序文でいっているように、「無味乾燥な形而上学的」な調子をおびていて、読むこと自体が容易なことではないが、かれがいおうとしているところを要約すれば次のようになると思う。

ベンサムによれば、行為を決定するのは快苦の命令なのであるが、このことをもうすこしくわしく分析してみると、最後的に行為を決定するのは行為の瞬間において経験される現実の快苦の感覚ではなくて、その行為からその人に結果として生じてくるであろうと予想されるところの、快苦の差し引きかんじょうについて、その人によってなされるみつもりなのである。それゆえ人間の行為の原因は、予想される「未来の事実」についての「現在のみつもり」である。行為の原因は事実そのものではなくて事実の期待であるということになる。おそらくそうなるであろうというみつもりである。いいかえれば、快そのものではなくて、快の観念が現実の動機である。人間は快（幸福）を唯一の目的とするが、かれはつねに観念あるいは意見の指導のもとに、知性的な入念なしかたでこの目的を追求する、というのがベンサムの考えかたなのである。

快そのものではなくて、快の観念が現実の動機である、といっても「快の観念」はやはり一つの快であるにちがいない。昔の楽しかったことを思いおこすこと自体は楽しいことであるし、旅行を計画して予想すること自体が愉快なことなのである。したがって、行為の現実の動機はやはり快苦そのものであるといってよい。ところで現実の行為はすべて行為者自身の快楽をまし、苦痛をへらすために行なわれるものとするならば、このことに関するかぎりでは、動機は少なくとも悪ではない。しかし、行為者自身の快楽は、他人に対して快楽をあたえることもできると同時に、他人に対して苦痛をあたえることもできる。人間の行為にはかならずプラス・マイナス両面からの批判がなされるものである。中庸の徳はこころよきものであるといわれる半面、中庸とはどっちつかずの八方美人的態度だとして不快を感じる人もある。「君子危《あや》ウキニ近ヨラズ」を快的とする人もおれば、「虎穴ニ入ラズンバ虎児ヲ得ズ」とはっぱをかける人もいる。行為者の快楽はなんらかの意味で行為者および他人のある種の苦痛をともなうのである。したがって、完全に善そのものであるというような動機は、少なくともわれわれ人間にはないことになる。このようにして、動機はそれ自身において悪であることはないが、同時にまた完全に善であるということもない。動機の善悪は現実には結果の善悪によって決定されるのである。

意図と状況

しかし、動機が直接に結果とむすびつくのではない。動機は意図をとおして行為をひきおこす。そしてこの意図が結果とむすびつくのである。たとえば、社会的な名誉をえたいと思って社会事業に多額の寄付をしたとすれば、このときの動機は「名誉欲」であり、意図は「寄付行為」である。もう一つ、ベンサムがあげている例を引用しよう。自分がおぼれるのを避けるために、一人しかつかまれない狭い川岸にしがみついている罪なき男を川のなかへ突き落としたとする。この場合の動機は「自己保存」とか「緊急の必要」とか「生命愛」であり、意図は川岸のうばいあいである。これらの場合の動機は特別に非難されなければならないような悪でもないし、また完全に善としてほめたたえられるようなものでもない。動機の善悪は意図をとおして実現される結果にかかっている。そして、同一の動機からいく種類もの意図が生まれ、したがって、いく種類もの結果が生まれるものであることも忘れてはならない。

動機から生まれた一つの意図が、行為をとおしてある結果をえたとする。このとき、結果の善悪がその意図の善悪を、したがってまた、動機の善悪をきめるのであるが、結果の善悪はそのときの状況によって大きく左右される。ところがこの状況なるものは行為者の意図とは無関係に生じてくるものなのである。あるいは思いもかけない状況が発生してくるのである。人は行為を意図する。そして、かれの意図によってその行為を産出する。しかし、結果をつつむ将来の状況については、人はけっしてそれを意図しない。行為とその結果は、われわれにとって知性（理解）の対象であるとともに意志の対象でもある。ところが状況は、それ自体としてはただ知性(理解)の対象であって意志の対象ではない。われわれは状況については、ただ、知るとか知らぬとかいいうるだけである。それゆえに、われわれは結果について責任をもつべきことはたしかであるが、その結果を生じた状況全般については責任を負うことができない面があることもたしかである。しかし行為するにあたって、各人が厳密に快苦の計算をするということは、未来の状況についても知性をフルに活用して、できるだけのみとおしを正しくたてるということを当然含むはずである。状況についての無知は、われわれの知性行使の不十分という責任をまぬがれることはできない。ベンサムはこのように、人間はたえず知性的考慮によってコントロールされるものであるという仮定にたって議論をすすめたのである。

以上によってわかるように、ベンサムはたしかに結果主義の倫理説を主張した。しかしそれは、動機はどうでも結果さえ善ならばよいというような安易なものではなかった。動機を意図によって行為化する場合には、「唯一の善」である快楽（幸福）の実現ということを冷静に考慮せよといっているのであって、厳格な知性の行使を要求しているのである。もともといかなる結果をも考慮のうちへいれない意図というものはないし、意図をもたない動機はたんに道徳律のからぶりにすぎないであろう。しかもベンサムは、人間の行為を、ただ、かれのいわゆる「私的倫理」の興味からとりあつかったのではなくて、「倫理学」もしくは「政治学」の客観化のためにとりあつかったのである。かれが結果に重きをおく結果主義の倫理説を主張したことは、その客観的科学主義の立場からでてくる当然の帰結であったといわなければならない。

情操なき世界

二十世紀のアメリカの哲学者ジョン＝デューイは、ベンサムが快苦の計算をもって人間の道徳的反省の代わりにしてしまったことが、功利主義を破綻《はたん》させた原因だといっている。これはいいかえれば、快楽（幸福）や苦痛（不幸）を、たんに量的に計算することのできるものだとしてしまって、それらのあいだに質的な差別があることを認めなかったことがまちがいであるばかりでなく、快苦が量的であるといっても、それはただことばのうえでそういっているだけであって、その量の概念は非常にあいまいであり、それを測定する客観的方法も全然提案されていない、という根本的な欠陥を指摘したものである。ベンサムの理論はきわめて具体的なよそおいをとってはいるが、実際にはベンサム自身が予期しているとおりに、一つの形而上学なのである。つまり快楽を善、苦痛を悪と最初からきめてかかって疑わず、すべてをこの仮定のうえにおいた理論なのである。すべての独断的な形而上学をきらったデューイが、その点でベンサムを批判するのは当然の話である。

しかし、デューイはまた、ベンサムが行為の正しさとか善さというものが、結局は人間の幸福に奉仕するものであることを、とことんまで主張してはばからなかったことの功績を忘れてはならない、ともいっている。ともすると人間の幸福というものを度外視した別世界で、正義とか善とかの問題があげつろわれることがこれまでもたびたびあったからである。幸福が、ベンサムのいうように、量的な外面的なものだというのはまちがいであるとしても、道徳的な善行為や、法律的に正しい行為が、人間の幸福と無関係であるという考えかたは、現実の社会にみいだされるさまざまの人間無視の事実に目をおおい、そのままに放置してしまう態度につながる。ベンサムが法律改正を初めとして、刑務所改善や教育問題など、はばひろく「時の問題」に首を突っ込んだのは、かれの簡単明瞭《めいりょう》な幸福観を基礎にして初めて可能となったのである。

世のなかが単純にある方向に向かってすすんでいる時代には、その時代の精神を指導する原理は簡単なスローガンで表現されるのがふつうである。とくに一つの社会階級が絶大な自信をもってまようことなしに社会をリードし、他の人々もそれにまきこまれている場合には、そのかかげるスローガンに批判をくわえることすら困難である。その階級が国家権力を手にしていればなおさらである。イギリスの産業革命は、これにやや近い状態を産業資本家たちのためにつくりだしつつあった。かれらはまだ国家権力を獲得してはいなかったが、それに接近しうる実力を目にみえてたくわえていたのである。かれらにとって、利潤の追求に成功することは快楽であり、財産の損失は苦痛であった。ビジネス上の損得は貨幣の額の計算によって行なわれた。それゆえ、かれらにおいては、快楽(幸福)も苦痛（不幸）も貨幣の計算の結果と一致した。そこからむしろ、快苦もまた計算できるものと考えられたのである。かれらのスローガンは、「自由に取り引きをさせよ」「救貧法を撤廃せよ」「選挙法を改正せよ」などであった。そしてベンサムの「最大多数の最大幸福」は、これらの全部を象徴的にまとめて表現する哲学的スローガンであったのである。

ベンサムは、かれのこの哲学的スローガンである「功利の原理」を理論的に基礎づけるために、『道徳および立法の原理序論』を書いたのであった。その序文の最後のところでかれはいっている。「真理というものは一般に頑固なものだといわれてきた。……それらは情操の土壌には繁茂しない。それらはいばらのあいだに生育する。そして、はしりまわる子どもたちによってつみとられるヒナ菊のようなものではない。人類にとって避けることのできない宿命である労苦が、真理の探求の場合におけるほど前途に避けがたくたちはだかることはないのである。……立法に関する学問に王者の道なく、総督の門なきことは、数学の場合と同じである」と。ベンサムは、真理は頑固な無味乾燥なものだと考えた。そしてまさにこの点に、ベンサムへの批判の矢が、かれの思想的嫡子《ちゃくし》であるジョン＝スチュアート＝ミルによってはなたれる理由があった。

修正

ジョンは父のジェームズ＝ミルから徹底的なベンサム主義の教育をうけて育った。ジョン自身もベンサムの「最大多数の最大幸福」を基本原理として社会改革をおしすすめていくことに自分の生きがいを感じるほどであった。ミルはベンサムの功利の原理を知ったときには、「一つの信条、一つの教理、一つの哲学」否「一つの宗教」をもったとすらいえるほどの感激をおぼえた。後年のベンサムがあまり使用しなかった「功利主義者《ユーティリタリアン》」という語を得意げに用いて、立場を同じくする若者どうしで、「功利主義者協会」というものを、一八二二年から一八二三年にかけての冬につくったのも、十六歳の天才少年ジョンであった。

ジョン＝スチュアート＝ミル

ところがそれから四年たった一八二六年の秋に、ジョンは突然、功利主義というものに疑惑を感じるようになった。自分の快楽（幸福）を追求してそれがなにになるのか。社会を改革する？　それがなにになるのか。二十歳の青年ジョンにとっては、ビジネスマンのやるような無味乾燥な快苦の計算や、「情操の土壌には繁茂しない」といわれる功利主義の理論は、どうにも自分の精神にぽっかりと空洞をつくるだけで、それを満たしてくれるものとは思われなくなったのである。美的な感情や情操、自己を犠牲にしてまでも他人のために努力する没我的な崇高《すうこう》な心情、イエスが山上で垂《た》れたもうたキリスト教の最高の教え。ベンサム主義の立場においては、これらのものはすべて快苦の計算器からこぼれおちてしまうのである。ミルはこのことに満足できなかった。人間の真の幸福とは、むしろ、これらのベンサム主義の計算にのってこないような感情の充実にあるのではないか。このように考えたミルは、これまでの自分の教養の全体系がくずれさるかのように感じ、ふかい憂愁《ゆうしゅう》の気分にとらわれてしまうのであった。[1]

しかしミルは、かれの精神の危機状態を克服してみごとにたちなおってきた。そしてベンサムの功利主義の倫理説を修正するにいたった。すなわち、ミルはベンサムの「最大多数の最大幸福」という原理そのものは、依然として疑うことのできない真理として承認するのであるが、その「幸福」の概念に大修正をくわえたのである。ベンサムの場合には、幸福とは快楽のことであり、快楽はもともと量的なものであって、したがって、計算できるはずのものであった。計算できるということは客観的だということであって、精神の内部の感情などは度外視されてしまう。ミルは計算できない精神上の幸福感というものを認め、むしろこれが物質上の快楽などよりも質的にすぐれたものであるとした。「満足せるブタであるよりは不満足な人間であるのがよく、満足せる愚か者であるよりは不満足なソクラテスであるのがよい」という有名なミルのことばは、原理においては依然としてベンサムの精神をうけつぐとはいえ、ミルが実質的にはベンサムに別れを告げた

1) ジョン＝スチュアート＝ミルについては、かれの『自伝』(岩波文庫)、および人と思想『J・S・ミル』(清水書院)を参照。

ことの宣言にほかならなかった。

もう一度ディッケンズの小説から引用させてもらおう。かれはその作品『困難な時代』（一八五四）において、「現実家」であり「事実と打算の人間」だと自称する一人の資本家を登場させる。その名はグラッドグラインド。このグラッドグラインドは自分が経営している学校の校長に訓辞していうのである。「ところで、わしの望むのは事実じゃ。この少年少女たちには事実のほか何物も教えんでほしいのです。……かりにもあんたが理性的動物の精神をそだてあげようとするならば、事実をもってするほかないのです。……これこそわしが自分の子女を教育する原理じゃ[1]。」この「現実家」は、子どもたちが花や月や馬や牛について学ぶべきことは、それらについての科学的な知識だけで十分なのであって、それらについての子どもらしいロマンティックな空想などは全くむだなものだと考えていた。かれの友人バウンダアビイもまた現実派の闘士で、グラットグラインド夫人に向かっていうのだった。「必要なのは感傷抜きの実際的な腕のたしかな人間なんじゃ[2]」と。

ディッケンズ

グラッドグラインドやバウンダアビイは、ベンサムによって代弁された思想の所有者であり実践家である。ベンサムは、かれらのような「感傷抜きの実際的な腕のたしかな人間」の人生観を理

1) 2)　『世界文学全集』18　柳田泉訳（新潮社）による。

論的に構成してみせたのである。そしてジョン＝スチュアート＝ミルは、グラッドグラインドの経営する学校で教育をうけた少年少女の一人にあてはめて考えることができるであろう。この少年少女たちは、やがてきたるべき「困難な時代」において、ベンサムの思想にかくれて含まれていた、イギリス流の民主主義的社会主義のにない手となるべく成長していくのである。

政治と教育

近代自然法思想

われわれは、山や野原や混雑する博覧会場で道にまよったときには、一度出発点にもどり、そこで冷静になって自分の歩むべき道を新しくきめるということをよくやる。もとへもどるということは現在の状態を初めの地点にひきもどして考えなおし、現状を修正するために行なう手段なのである。このことは人間の歴史においても非常にしばしばおこる現象である。ルネサンスも宗教改革も、また日本の明治維新も、いずれももとへかえることによって生まれ変わるという意味をもつものであった。とくにヨーロッパの近代における政治思想史のうごきをみるときに目につくのは、現状のゆがみを是正するのに、つねにその理想を人類の最初の状態、つまり自然の状態に求め、それを現状の批判・改良・革命の理論的な根拠として主張することが多かったということである。もちろんこの場合には、「人類の最初の状態」とか「自然の状態」といっても、地質学や生物学や進化論で説明するような意味での原始の状態ではなしに、人類本来のあるべき状態のことを示している。すなわち、それは恣意《しい》的な権力者などがまだ出現せずに、自然の定めた法（自然法）が支配するという、実際に実在したというよりはむしろ、頭で考えられた一つの理想状態なのである。そこでは、すべての人間は、かれが生まれながらにして所有している生命、財産、安全、幸福追求などの諸権利を自由に行使することができる。これらの基本的な諸権利は、自然が人間にあたえたものであるから自然権とよばれる。この自然権を保有し、よりよき実現をはかるためには各自がめいめいかってにふるまうのではなく、互いの自由意志にもとづく契約によって政府をつくることが必要であった。これが国家契約、あるいは社会契約とよばれるものである。

ジョン＝ロック

右のような考えかたにみられる自然法・自然権・社会契約の思想は、近代の初頭において、神権説にもとづく絶対主義の王政に反抗して、近代市民社会形成の運動の先頭にたったブルジョアジーによってになわれたものである。オランダではグロティウスやスピノザ、ドイツではプフェンドルフがそれぞれ十七世紀にでて、自然法や契約の内容に関しては多少のちがいはあるけれども、基本線ではだいたい一致する思想を展開した。イギリスでも同じころに、詩人ミルトン、哲学者トマス＝ホッブズらがでて、十七世紀中葉の清教徒革命におけるクロムウェルの行動とその共和制を自然法思想の立場で支持した。しかしベンサムの時代には、イギリスでも、あるいはヨーロッパ全体においても、支配的な政治思想は、十七世紀末の名誉革命を理論的に正当化したといわれる、イギリス最大の哲学者の一人ジョン＝ロックのそれであった。

ロックの政治思想は、その『政府論二編』（一六八九）にみられる。ロックも人間の自然状態というものを考えるが、それはホッブズがいったような、「万人に対する万人の戦い」の状態ではなく、自由と平等の状態であって、ただ、きちんと組織された社会に比較すれば、自由や平等がおかされやすいというにすぎないものである。社会が政治的に組織される以前でも、人間社会の道徳的秩序は自然法ならびに自然権のうえにきずかれていた。人間はもともと理性的存在であるのが自然の姿、つまり自然法が命ずるところであって、この理性によって、他人の生命、健康、自由、財産をおかしてはならないことを教えられる。しかし、各自が思い思いかってに自然法を解釈して、自他の権利を尊重しあうといってもなかなか統一がとれず、うまくいかないから、そこで人々は自発的に契約をむすんで、政治権力のもとに組織される社会をつくり、自然状態の不便さからのがれようとしたのである。

　人間が社会をつくったのは、その生命、自由、財産に関して各自が保有する自然権をいっそう有効に行使することができるようにしようというのであって、そのために各自は、自然法を自由に解釈する権利を全体としての社会にゆずりわたす契約をしたのである。しかし、ゆずりわたすといっても、ホッブズのように、結果的には支配者に絶対的に服従して全く文句《もんく》もいえないようになるのではなく、ロックの場合には、各自の自由の権利を支配者に委任するかあるいは信託するという意味であって、支配者がこの委任や信託に十分こたえないときには、いつでもこれをひきあげる権利が保留されていた。国家の政治を任せられた者も、その権利を乱用するならば、人はそれに黙従する義務はなく、むしろそれに反抗して、別の人間に政治を任せることができると考えられた。

以上がロックの政治思想の要点であるが、これが、名誉革命の際にイギリスのブルジョアジーが、国王に対して自分たちの権利を承認させたことを、正当化するための理論であることは明らかである。そしてこの思想が、十八世紀の半ばを過ぎてから、アメリカの独立戦争の背景にあって大きな力となり、さらにフランス革命の思想的原動力であったことはあまりにもよく知られていることである。「独立宣言」（一七七六）や「人権宣言」（一七八九）は、ロックの政治思想のドラマティックな表現にほかならなかった。ロックの思想は、フランスのルソーの思想などとともに、明治維新直後の日本にもとりいれられ、「天賦《てんぷ》人権論」として紹介、普及され、国会開設を要求する自由民権運動の理論的根拠となったのである。

ブラックストーン

ベンサムの『政府論断章』は、かれがその功利の原理を組織的に政府論に適用した最初の試みである。それは、ウィリアム＝ブラックストーンがイギリス法にほどこした『註釈』を論評するという形をとったが、実質的にはブラックストーンの政治哲学ないしは法律哲学の根本を批判するという結果になった。ブラックストーンは、一七二三年の生まれで、法廷弁護士を職業とし、オクスフォード大学で講義も行なった。一七五八年には、ある基金によって新しく開設された法律学講座の教授になった。ベンサムがブラックストーンの講義を聞いたのは、かれがこの講座を担当している期間のことであった。一七七〇年には裁判官に任命され、初めは高等法院裁判所、のちには民事訴訟裁判所の裁判官となった。そして一七八〇年になくなっている。

ブラックストーンは、イギリス憲法の最初のものである「大憲章」を新たに編集したり、またいくつかの『法論集』をあらわした。これらの論集は、一七六二年にはまとめて、同名の題をつけて再出版された。しかし、かれの名声はその『イギリス法註釈』によるのである。これは第一巻が一七六五年、最後の第四巻は一七六九年に出版された。この書物は多くの顕著な功績を残したりっぱな著作である。そこにおいては、イギリスの慣習法および成文法を形成する、膨大な量にのぼるこまごまとした事項が集められ、これらが一つの有機的な構造をもつものとして提示されている。各条項の意味が明確にされ、各部分の関係が例をあげて説明される。したがって、法律全体がまるで生きもののように、一つの目的によって生命をふきこまれて理性の勝利を謳歌《おうか》しているようにみえるのであった。

かれの、明晰《めいせき》で威厳にとみ、しかも雄弁な文体は、読者に大きな感銘をあたえる力をもっていたが、しかし、一般の読者にはあまり理解が容易でないいいまわしもあった。ブラックストーンの分析力はすぐれていたけれども、かれはとりあつかわれるさまざまの概念の相違点よりも、むしろ類似点をさがしだす傾向が強かった。たとえば、かれは法律の条項の意味と目的を強調して説明に興味をもたせ、法律はたんに命令と禁制を手あたりしだいに集めたものではないということをよくわからせてはくれたが、一つのものごとを説明するのに、論理的理由と歴史的原因とをはっきりと区別しないで混同してしまうことが多かった。

国王がその権力を乱用して、ある家臣を死刑にした場合、国王が現実にもっている権力そのものがその行為を可能にしたのだと説明するとすれば、これは国王の行為を歴史的原因によって説明することであり、事実を明らかにはしているが、その行為が正しいものであるかどうかにはふれていないのである。ところが、もし国王の権力というものはどのように行使されようとも、それが国王の権力であるかぎり正義なのであるという理由で国王の行為を弁護するとすれば、これは論理的理由によって議論していることになる。ブラックストーンはこの二種類の説明のしかたを明確に区別することなく、ある歴史的原因から生じたことがらは、まさにそれゆえにこそ、論理的理由にもかなっているというようなもののいいかたをした。つまり、結果的にはブラックストーンは、イギリス法の一つ一つの点において、過去のイギリス法のすべてを賛美してしまったのである。

ベンサムは、かれの『断章』の序論では、ブラックストーンの『註釈』の全般についての批評をしているが、しかし、ベンサムの仕事の大部分は本題をはずれて、ブラックストーンが政府について論じている数ページの部分を批判しているだけである。この部分でブラックストーンは、政治的権力の本性と根拠について常識的な自然法説にもとづいて皮相的な要約をしているが、ベンサムは、ここにブラックストーンの理論のあいまいさと誤謬《ごびゅう》とをみてとったのである。

自然権と社会契約

『政府論断章』が初めて出版されたのはすでにのべておいたように、アメリカで「独立宣言」が公布された一七七六年であった。フランスでは十三年後のフランス革命の勃発をひかえて、ブルボン王朝の絶対主義に対する反抗が、政治的革命思想としての「自然権」説をとおして、地固めされつつあった。コルセット製造職人であった革命児トマス＝ペインは、イギリスとアメリカのあいだをとびまわり、自然権説にもとづいてアメリカ植民地独立の檄《げき》をとばした。ペインはフランス革命がおこると、勇躍フランスに渡って革命を支持したのである。

ルイ16世とらわる（1791）

革命主義者たちは、自由と平等とは自然権であって、本来おかすことのできないものであるはずなのに、今のところ人間はそれらを国王の政府によってうばわれているから、それらを回復することが革命の目的であると主張した。イギリスではペインのほかに、当時では、リチャード＝プライス・ウィリアム＝ゴッドウィンなどの倫理学者や政治学者がこの意見を代表していた。しかしベンサムは、このような自然権説にもとづく革命思想にはくみしなかった。かれは『政府論断章』で、古き政治は徹底的に改革しなければならないと主張したが、その理由を自然権というような抽象的で観念的な権利に求めはしなかった。ベンサムはすこしのちになって発布されたアメリカ憲法（一七八七）の賛美者ではあったが、かれはけっして「独立宣言」のきめのあらい形而上学――独断的で証明のしようのない理論によってあざむかれることはなかった。フランス革命についても同様であった。このころ書かれた『無政府主義の誤謬』という論文で、かれは「人権宣言」

の未熟さとその論旨の混乱ぶりを摘発した。かれの見解によれば、自然権というような、自然が人間にあたえた絶対不可侵の権利というものは、全くのナンセンスなものであった。それは、たんにことばのうえだけのもので、現実にはなんの根拠もないものであった。

人間の歴史において、生命や自由や財産などが、すべての人間に十分に保証された時代があったであろうか。すこし冷静に反省してみれば、世界はこれらのものにおびやかされている大多数の人間によって住まわれてきたことが、たちどころにわかるではないか。自然権説が主張するような幸福な状態は人類の観念的な理想であって、それを目ざしてわれわれがはげむべき努力目標であるにすぎない。しかも、理想はけっしてそのままに現実ではない。現実はまだ理想の目標には到達していない。自然法も自然権もたんに理想であり空想であり、もっと悪くいえば架空のものであるにすぎない。

自然にまかせておくだけでは人間の権利は保護されない。ベンサムによれば、人間の権利は法律によって人間にあたえられ、もつことを許されるものである。すべての権利は法律がつくりだす。この法律とは自然法ではなくて、人間がつくる人為的な法律であり実定法である。そしてこの法律の価値、その善さはなにによってきめられるかというと、自然法に合致することによってではなく、最大多数の最大幸福の増進にどの程度役にたつかということによってきめられる。したがってベンサムにおいては、自然権の理論は当然「功利の理論」によってとって代わられるということになる。

自然権説の立場と必然的にむすびつく考えかたは、すでに指摘したように、「社会契約説」であった。当時のイギリスの政治学や法律学においては、この学説が主流をしめていた。法律学は、凡庸《ぼんよう》さと、法的な虚構物（たとえば国家）のためのあやまれる弁解と、そして万民法についてのローマの法律家のおきまりの文句をくりかえすことの別名にすぎなかった。ベンサムが講義を聞いたブラックストーン教授もその例外ではなかった。ベンサムはブラックストーンの社会契約説が、証拠のない「契約」というものを基礎にした架空の理論であることをあばいた。「現実派」の哲学者であるベンサムにとって、証拠をあげることのできない高飛《たかび》車《しゃ》な理論は、どうにもがまんがならなかったのである。かれにとって必要なのは、空想上の国家契約や社会契約ではなくて、はっきりと人為的に制定した憲法を初めとする諸法律であったのである。

空想上の社会契約というものは、すでにアダム＝スミスが経済上の自由競争を社会構成の原理としたときに必要ではなくなっていた。近代ブルジョアジーは、自然権と社会契約のスローガンをかかげて保守特権貴族と戦ってきたが、産業革命を通じてつちかわれたブルジョアジーの自信は、社会契約を廃棄して、かれら自身の実力による法律の制定と政治への直接参加を、要求するところまでその発言力を高めたのである。

安全

ベンサムにはフランス語で書かれた『立法の理論』という著書があった。これはデュモンによって出版されていたのであるが、ずっとあとになって、一八七六年に初めて英訳本がだされた。ベンサムはこの本では、社会の幸福、すなわち「最大多数の最大幸福」が、いかなる条件によって達成されることができるかを考察している。法律は社会の幸福を実現し、それを維持、確保することを目的とするものであるが、そのためには、四つの副次的目的の達成につとめなければならない。その四つとは、生存、豊富、平等、安全である。これらは自然権説によれば、自然の法によって人間に約束されているはずのものであったが、ベンサムは、これらは人為の法たる実定法によってのみ人間にあたえられるのであると考えた。

これらのうちで最も重要なものは安全と生存とである。「安全なしには平等は一日といえども存続することはできないであろう。生存なしには豊富は全くありえないであろう。」ところが、法律は、生存と豊富とについては、ほとんど、あるいは、全く関心をもたない。いくら法律が人間に、生きなさいとか、なんとかして暮らしていきなさいと命令しても、人間は自分の生存を法律によって命令されているものとは考えない。人間は法律によって罰せられることなしに自殺することができるのである。また法律によって生産力を高め、農地の作付けをして、豊富の実現を命令することはできるかもしれない。しかし、個人企業の生産力を高める努力をおこたっても、自家農園の栽培に精をださなくても、法律としてはどうにもならないのである。法律は生活物資の豊富そのものに対しては直接の責任をもたない。しかし、もし法律によって農地の栽培者にかれの勤勉の成果を保証し、けっして損をさせないようなてあてをしてやれば、栽培者はだまっていても生産に努力するであろう。そこに生存と豊富はおのずから確保されるはずである。

法律が主として意を用いるところのことは安全ということである。法律が人間に対してあたえるすべての期待がうらぎられないようにするのが、安全ということの最も広い意味である。安全は社会生活にとって、そして、適度の幸福にとって一つの必要条件である。それに対して平等は、ベンサムの考えによれば、むしろ一種のぜいたく品であって、立法行為によって平等を促進させるのはそれが安全をさまたげないかぎりにおいてである。自由ということについていえば、それは法律の主要な目的ではない。それは安全の一分枝であり、しかも法律が刈り込みをせざるをえない分枝である。いいかえれば、個人の自由は法律によってある程度制限される。いかなる権利であろうと、とくに財産権のごときは、自由を制限することによってのみつくりだされ、維持されることができるのである。

ベンサムにおいては、法律の目的はまず各種の権利、とくに財産権の安全を保証し、それをもとにして各人の幸福、したがってまた社会全体の幸福を増進することにあった。この財産権の安全という至上命令の前には、平等も道をゆずらなければならなかったし、自由の枝すら刈り込まれなければならなかった。もちろんこのときベンサムがいった「平等」とは、多くの場合、貧困な無産階級の人々が要求する財産の平等ということであったろうし、また「自由」とは、ブルジョアジーのそれではなく、ブルジョアジーに対して国王や教会や貴族がふりまわす特権的な横暴のことであったろうと考えられる。ベンサムは、上は特権保守派に対して、下は過激革命派に対して、両刃の剣をふるったのである。

このことは、ベンサムが産業革命を遂行しつつあるイギリスのブルジョアジーの立場にたって発言していることをあますところなく示しているのであって、あのグラッドグラインドのがめつい経営者的思想が学問というよろいを着てたちあらわれたものであるといってよい。アメリカの独立とフランスの革命は、ブルジョアジーの圧倒的な勝利を約束しようとしていた。そしてその半面、労働運動が組織的なものになるほどには、まだ労働者階級の全面的成長はなしとげられていなかった。特権階級の横暴をおさえ、労働者階級の平等要求を退けて、どこまでもブルジョアジーの「安全」をはかり、それを守ることがベンサムの理論のあからさまの、そして真の意図《いと》であったのである。

議会改革問答

すでにベンサムの生涯のところでものべておいたように、かれは若いころはまだ政治上の思想においては急進主義者ではなかった。かれの家系はトーリー党系の保守派に属していたし、オクスフォード大学に在学中のかれは、清教徒革命の犠牲になった国王チャールズ一世を「王者にふさわしき殉難者《じゅんなんしゃ》」として語るのがくせであった。しかし、やがてかれの思想は大きな変化をこうむった。かれは民主的な政府のもとにおいてこそ、「最大多数の最大幸福」は、おそらく最も促進されるにちがいないと確信するようになった。かれは一八〇九年ころに、『議会改革問答』を書き、八年後の一八一七年の一月にパンフレットにして出版した。このなかでかれが主張している要点をいくつかとりあげてみよう。

イギリスの真の自由が守られるための唯一の手段は民主的な代議制にある。すなわち、国民によって正当に選挙された代表者によってつくられる政府のもとで、「最大多数の最大幸福」の原理が実質的に運用されること、これが基本的な条件である。そして、このような政府を樹立するためには、イギリスの憲法を改正して下院の議員選出方法を根本から改めなければならない。

第一は普通選挙法の実施である。すなわち、一定額以上の税金を納める成年男子のすべてに参政権をあたえるということである。しかし、参政権を行使する者は読み書きができなければならない。それには国民の教育程度を高める必要がある。つまり、この提案は国民教育の促進を一つの条件とし、かつ、ねらいとしたものである。しかし、ベンサムは婦人参政権の問題にはあまり積極的でなかった。当時はまだ多数意見がそれを問題にするところまでいっていなかったからである。

第二は任期一年の議会、すなわち、下院の選挙を毎年実施せよ、という要求である。毎年改選が行なわれるならば、議員はつねに選挙民と密接に接触を保ち、その意向を尊重して政治活動をしなければならず、私利私欲の行動にはしることができない。真に選挙民の利益を代表しないような議員は、次の選挙で直ちに交代させられてしまうからである。

チャールズ1世

第三は秘密投票である。選挙が公正に行なわれるためには、投票の秘密が守られなければならない。それは投票を強制する脅迫《きょうはく》や賄賂《わいろ》を無効なものになしうるであろう。

第四は選挙区の平等化である。第一から第三までのことがいかに正しく実施されるにしても、当時の選挙区をそのままに放置しておいたのでは効果はあがらない。人口分布の変化にともなう選挙区割りの改正と、貴族の手ににぎられている不合理なポケット選挙区の廃止によって、選挙にまつわる腐敗をなくすることが絶対に必要である。

第五は一院制の主張である。ベンサムは上院の存在価値を疑い、そのメンバーである貴族たちの世襲制を激しく非難し、弁護の余地なきものと考えた。かれは、国民の代表者からなる下院だけで十分であると主張した。こうすれば毎年選挙というかれの趣旨にも容易に合致することができるし、立法の仕事も能率があがるというものである。

第六は共和制の賛美である。かれは今や、国王ジョージ三世に対してなんの愛情をもいだかなかった。かれのパノプティコンのすばらしい計画も、ジョージ三世によってその実現を阻止されたとベンサムは信じていた。しかし、このような私ごとのうらみだけでなく、かれは、君主制は国費を乱用し、国民の立法権を妨害するものであるという理由から、共和制のほうがよいと考えた。かれがアメリカ合衆国の独立とフランス革命の成功に、その思想的背景に対しては批判的であったにもかかわらず、はるかに拍手をおくったのはあやしむにたりない。

ベンサムがその生涯の終わり近くに出版した『憲法典』（一八三〇）には、政府の行動に対してできるかぎりのコントロールをくわえることについて、一般国民に教えるための努力が示されている。かれは「邪悪なる利益」、とくに、貴族的支配者たちの利己的・階級的な利益が、公共の利益を妨げる程度がいかにもひどいものであることに、ますます強い印象をうけるようになっていたので、いたるところでそれらの作用をくいとめようとつとめたのであった。

ブルジョアの勝利

『議会改革問答』に示されたベンサムの改革案は哲学的急進派の共通の政治目標となった。そのうちでもとくに選挙の方法に関する問題については、議会に決議案を提出するためにベンサムが草案をつくり、一八一八年の下院にバーデットによって提案された。ジェームズ＝ミルやカートライト、その他おおぜいの人々がベンサムに協力した。しかし、トーリー党の反対でかれらの意図は実現をみることができなかった。一方そのころ、ジャーナリストのウィリアム＝コベットは、貧乏人や素朴な農民の味方として、穏健ではあったがそのすぐれた筆力を生かして政治改革のキャンペーンをおこしていたし、また急進的な改革運動家ヘンリー＝ハントの演説をきっかけにマンチェスターのピータールー広場に集まった約六万の市民が、政治改革を要求して暴動をおこしたのは一八一九年のことであった。これはピータールー事件とよばれるものである。イギリスの世情は不穏の度をましてきた。一八二八年にトーリー党のウェリントン内閣は、選挙法および議会の改革はこれを認めずという声明をだした。しかし、時勢の激しい流れにはかてなかった。ウェリントンはついに辞職しなければならなかった。そして長いトーリー党政権の続いたあと久しぶりに出現したウィッグ党のグレー内閣の手によって、ようやく一八三一年三月に選挙法改正

ピータールー事件

案は議会に提出されるはこびとなった。保守派の反対にあって難行をかさねた末、翌一八三二年五月にこの改正案はついに議会を通過し、ベンサムが死んだ翌日の六月七日、国王の批准《ひじゅん》をえて初めて改正選挙法は成立したのであった。

選挙法改正の経過はベンサムの生涯とともに劇的な結末をとげた。もちろん改正案成立の功績はベンサム一人に帰せられるべきものではない。すでにのべたようなさまざまの改革運動もあったし、ロバート＝オーエンらによって指導される労働組合運動やダニエル＝オーコンネルがひきいた「カソリック協会」のアイルランド旧教徒解放運動も非常に大きな影響力をもった。そして、なににもまして客観状勢に大きな変化をあたえたのは、一八三〇年の七月にフランスに勃発した「七月革命」であった。ウィーン会議後の、ヨーロッパの反動体制のなかで復活していたブルボン王朝のシャルル十世が追放され、自由主義的なオルレアン公ルイ＝フィリップが国王となったのである。これは、ナポレオンの没落後しばらくのあいだ反動的な形でおちつきをたもっていたヨーロッパの秩序が、再び動揺しはじめたことを意味し

1832年の選挙法改正議会

た。イギリスにおけるトーリー党からウィッグ党への政権交代も、選挙法の改正も、こうした世界史全体の大きな流れのなかで行なわれたのである。

しかし、一八三二年の選挙法改正はまだ不十分なものであった。それはたしかに中流以上のブルジョアジーにとっては大きな勝利を意味した。すなわち、選挙権の所有者を四十三万人から六十五万人にふやし、これによってブルジョアジーの議会進出を可能にした半面、中世以来の腐敗選挙区のうち選挙民二千人以下のもの五十六を廃止、三十二選挙区で議員の定数を一名減ということにした。そして新たに、スコットランドとアイルランドで四十三の選挙区を新設した。このようにして、ブルジョアジーの勢力の強い都市部選出の議員数は九十四名から百五十四名にふえた。これらのブルジョアジーは自由党を組織し、以後十九世紀から二十世紀にかけてトーリー党系の保守党と交互に政権を担当するようになるのである。だがこのようなブルジョアジーの戦果も労働者の立場からみれば全く期待をうらぎるものであった。かれらは、政治に参与する権利は労働者階級にもまたあたえられるべきであると考え、そうなることを期待してブルジョアジーの選挙法改正運動を支持し応援したのである。しかし獅子《しし》のわけまえとしての肉の一片も労働者にはあたえられなかった。あのチャーチスト運動はこの不満の波のなかからおこってくるのである。

人民憲章

パリの七月革命は、イギリスの選挙法改正運動に油をそそぎ、広汎な農村蜂起《ほうき》という形で田舎の貧困な農民にまで運動の波はひろがっていった。この革命的な運動のにない手は都市の工場労働者と農村のメソディスト[1]農業労働者であった。かれらの活発なうごきにおびやかされた支配者たちは、一八三〇年のクリスマスの前夜、枢密院命令を発して、カンタベリーの大司教に農村の騒擾《そうじょう》をしずめるための祈りをささげさせた。「おお神よ。いままで迷わされていた、単純で無智なる者のうえにあわれみをたれさせたまえ。かれらをしてかれらの義務の意識をふたたびさますようにさせたまえ[2]」と。労働者の自覚的運動は支配者たちの目には義務を忘れた行為としてしか映らなかった。

一八三二年の選挙法改正が労働者たちの夢をふみにじったとき、かれらはふたたび改正の要求をかかげ、結集してたちあがった。一八三四年には、オーエンらを指導者として、「全国労働組合大連合」が組織された。南海岸ドーセットシャーの一農村にも「大連合」の下部組織ができた。政府は「大連合」を粉砕する突破口としてこの小さな農村の労働組合を弾圧してきた。そして、その組織の中心人物たちを遠くオーストラリアのボタニー湾へと流刑にしたのである。この流刑者たちの釈放を要求する「大連合」の集会がひらかれた。ここで労働者たちは大声で歌うのであった。

神はわれらの指導者！　われらは抜かず一つの剣をも。われらはともさず大戦の戦火を。
団結、正義、真理、法によって
われらは主張する、われらの生まれながらの権利を。

1)　十八世紀にオクスフォード大学の学生のあいだにおこった、貧民階級に同情的で戒律を厳格に守るキリスト教徒の一派。
2)　『イギリス産業革命社会史研究』五島茂（日本評論社）一九四九年、参照。

われらはかかげる、合言葉《あいことば》、自由を。
われらは、われらは、われらは解放されるのだ。[1)]

「大連合」は、オーエンの平和主義的方式と他の闘争主義の労働組合幹部との内部衝突によって崩壊してしまった。しかし、一八三六年ころから労働者のエネルギーは一部のブルジョアジーの政治運動とむすびついて、なおも参政権獲得の運動を展開しはじめた。一八三七年二月二十八日、「ロンドン労働者連盟」は大会をひらいて、二十一歳以上の男子による普通選挙、毎年の議会改選と召集、議員になるための財産資格制限の撤廃、人口に比例する平等な選挙区の設置、無記名の秘密投票、貧困な議員でも安心して政務に従事することができるようにするための歳費の支給、以上の六項目を議会に向かって請願することを可決した。こえて一八三八年五月八日に、この六項目は「人民憲章《ピープルズ・チャーター》」という名で発表された。そこでこの運動をやる人々のことをチャーチストとよぶようになったのである。

チャーチストの示威運動

　政治的革命運動を主張するチャーチストたちに対して、オーエン自身はあまり好感をもつことはできなかった。かれはあくまで平和的な社会の改良と人道主義に立脚した社会主義の漸進的な実現を理想としていたからで

1) 五島茂、前掲書、参照。

ある。かれが空想的社会主義の代表的人物にかぞえられる理由はここにある。しかし、チャーチスト運動が究極のねらいとしたものはオーエンのねらいと同一であったのであるし、チャーチスト運動の首領たちの多くは、思想的にはラナーク以来のオーエンの流れをくむものであった。それゆえに、かれらの宗教、道徳、社会秩序などに関する批判の態度は、オーエンのものとほとんどちがわなかった。すなわち、チャーチズムとオーエンの社会主義とは同一の目的を追求するものであった。ただその目的実現のための方法において、いいかえれば、政策論において意見を異にしたのである。

ところで、オーエンの思想の主要な要素の第一にかぞえられるものは、すでにのべておいたようにベンサムの功利主義の倫理、すなわち「最大多数の最大幸福」を社会の理想とする思想であった。十九世紀初頭のイギリスの改革運動家たちが、そのメッカといわれたラナークに巡礼して、オーエンから学んだのがこのベンサムの功利主義思想であったことはいうまでもない。このようにしてベンサムの思想は、直接・間接にチャーチスト運動に大きな影響をあたえたのである。しかもそれは、たんに指導者たちの観念的な理想の形成に対して影響があったというにとどまるものではなかった。ベンサムの『議会改革問答』において提案された内容がほとんどそのまま「人民憲章」の要求事項として採用されていることを考えるならば、ベンサムがチャーチスト運動に対してあたえた影響はきわめて実質的・内容的なものであった。もちろん、チャーチストのかかげた要求は当時の政治状勢ではすでに常識となっていたのであるから、とくにベンサムの指示をあおぐ必要はなかったであろうが、その常識そのものを一般化し流布《るふ》したという点で、ベンサムの果たした理論的な役割は、やはり、けっして過小に評価されてはならない。

ベンサムの政治思想はこのように国内の改革運動に対して重大な関係をもったばかりでなく、イギリス以外の国々の法典整備にも奉仕したものであることをつけくわえておかなければならない。かれの『憲法典』には、「自由な意見を表明するすべての国民とすべての政府が利用しえんがために」という説明がついていたし、またこれより七年前に出版した『法典化提案』（一八二三）でも、かれは、いかなる国民であれ、かれのサービスを必要とする国民の法典整備の仕事をひきうけるであろうということを言明していた。そこですでに、ポルトガルはかれの援助をえたいと申し込んできていたし、これよりは非公式にではあったが、同じような依頼はスペイン・メキシコ・ベネズエラ・アメリカ合衆国・ロシア・ギリシア・トリポリなどからもなされたのである。世界中がかれに頭をさげて、法および政治の技術を学ぼうとしているかにみえた。

ベンサムは教えを求めてくる者には熱心に教えることをこばまなかった。しかしかれは、諸国民の性格と歴史的条件のちがいを無視した。スペインにとってよい憲法は、すこし修正すればシナにとってもよい憲法でありうると考えた。要するにかれは、理性的人間というものの一般性と、快苦の感情の普遍性とをかたく信じて疑わなかったのである。資本主義が世界のどの地域に進出しても、冷酷な資本そのものの論理をつらぬいていくのと同じように、ベンサムは、自分の功利主義の原理は、世界のどの国民にとっても、真理として通用しうるはずだという信念をもっていたのであった。

教育論

参政権をあたえる国民の範囲をひろげようとするときかならず問題になるのは、国民の教育程度のことである。保守的な考えをもつ人々は、自分たちがこれまで享受《きょうじゅ》してきた特権や地位を安泰なものにしておくためには、どうしても現状維持が望ましいと考えるから、参政権の拡張には反対し、その理由として、一般の国民は教育程度が低く、政治のことはよくわからないから、そういうものに参政権をあたえるのは危険であり、したがって時期尚早であるというのがつねである。これは自分たちだけが教養ある人間で、一般国民はなにをやるかわからない無知な大衆にすぎないというまちがった傲慢《ごうまん》な考えかたであって、一般大衆は政治に参加することをとおして、その政治意識を高めていくことができるのであるし、なににもまして、かれらの日常生活の経験をとおして、すでに十分に政治の善悪・正不正について判断する力を養っているのである。

しかし、きちんとした教育をうけないよりは、うけたほうが政治に対して正しい目を開くことができるのはたしかであるから、選挙法を改正して参政権の拡張を要求する場合には、一般大衆の教育の向上ということをあわせて主張することは当然のことである。ベンサムが普通選挙を実施すべきであるといったとき、参政権を行使するものは読み書きができなければならないという条件をつけたのは、国に向かって国民の義務教育を促進せよという要求をしたことを意味するのである。当時のトーリー党一派の保守派は、一般大衆に教育をほどこすことによってかれらの知識を高めることは、特権階層が一般大衆から批判されるような結果をもたらすであろうと考えて、国民の教育程度を高めることにはむしろ反対であったという事情を考えるならば、ベンサムのこうした発言はきわめて大きな歴史的意味をもっていたのだということができる。

ベンサムやオーエンのように、暴力革命方式に反対し、平和的に議会を通じて改革していこうと主張する人々にとっては、教育のもつ重要性は理論的にも実践的にも非常に大きなものがある。ベンサムは義務教育制をかれの議会改革案を成功させるための基礎だと考えた。また、罪をおかして刑務所で服役している受刑者も人間としてたちなおっていくには刑務所内での教育が必要である。そこで、例のパノプティコン計画は受刑者の教育についての慎重な配慮をも含むものであった。

かれは、一七九七年から翌年にかけて救貧法の研究を行なった。救貧法は、エリザベス女王時代の一六〇一年に制度化された失業貧困者を国費で救済するというしくみの法律であった。しかし、この法律のおかげで貧困者の住所移動は禁止され、今や自由な労働力を多量に必要とするようになった産業資本家にとっては都合が悪かったし、また貧困者自身の独立自尊の精神を養うのに非常なマイナスであるとベンサムには思われた。したがってかれは、現行救貧法の廃止とそれにともなう貧困者のとりあつかい方法についての意見を発表した。かれの提案はきわめてこまかな点にまでおよんだ。たとえば、貧困者にあたえるベッドの材料やその質のことまで問題にしているほどである。しかし最もたいせつなのは、貧民階層の子弟の教育をいかにすべきかということについてのかれの見解である。かれらを善良な王国の市民に育てるのに必要なものは、第一にセッツルメントなどの社会生活をとおしてつくられる善い生活習慣と、はたらく意欲をもつ個人の性格の形成であり、さらに第二に、肉体労働で生きていかなければならない前途を考えて、商売その他の生計の手段を教えることであり、そして第三に、個人の能力を十分に発揮することができるように、読み書きそろばんの知的訓練をほどこすことである。以上が貧困者教育の基本であるというのがベンサムの主張である。いわば産業労働者として役にたつ人間に育てるということをブルジョアジーの立場から説いたのである。

実学精神

貧民教育とならんで中流以上の富裕な階層の子弟の教育も、またベンサムの主要関心事の一つであった。「生涯編」においてものべておいたように、ベンサムはベルおよびランカスター両名の教育方法に大いに興味をもち、その原理で教育をすすめる実験を友人が行なうにあたって、資金と土地とを提供したのであった。ベル方式はもともとベルがインドで伝道生活をおくって、マドラスの孤児院で孤児のめんどうをみていたとき、教師の不足から生徒どうしで教えあうという方法を思いついたのが始まりで、これを「助教法」と名づけた。これは、ベルが一七九七年にロンドンに帰ってから公にした論文で一般に知られたのであって、ランカスターはこの方法で教育事業をやって有名になった。ベルは一八一一年には、「国教主義にもとづく貧民教育振興全国協会」を設立して少年労働者の教育に貢献し、また、初等教育の発展をうながすのに大きなはたらきをした。ベンサムの教育に関する著書『クレストマティア』（一八一一六）は、ベル・ランカスターの方法を富裕階層の子弟の教育に応用しようという提案である。

クレストマティアというのはベンサム得意のギリシア語からの造成語で、「有用な学習」、つまり「実学」というほどの意味であるが、このことからも容易に想像されるように、ベンサムは富裕な子弟の教育というものをもつねに、「有用なもの」、つまり「功利の原理」に合致するものにしたいと考えていたのである。かれの「実学」教育の計画の基礎となるものは次の三つである。

まず第一に、道徳や宗教についての教育を慎重に除外して、純粋に知的教育に徹底すること。ベルはイギリス国教派の宗教的教義にもとづいて教育をし、ランカスターはどの宗派にもこだわらずに無色ではあったが、聖書の知識を熱心に教えようとした。この点ベンサムは全くの無宗教教育の立場をとった。そして科学的な知識の学習がもつ価値と効用について強調した。

第二は、生徒の将来において役にたつことから教育を始めるということである。これは貧民子弟の教育の場合でも同じことであった。当時の金持ちの子どもは、パブリックースクールや大学でギリシア・ラテンの古典語を教えこまれた。ベンサム自身も幼児のころから古典語をつめこまれる経験をもった。かれは古典語のすぐれた学者であったし、古典語の教養にはなにも悪意をもっていなかった。しかしそれにもかかわらず、将来社会の指導的地位につく子弟は、生きている現代語や自然科学に

19世紀初めごろのロンドンの貧民

ついての勉強から始めるほうが、より有効であると考えたのである。さまざまの科学によってこの世界の現象を正しく理解し、その構造を知るということが、人間として「功利の原理」に合致して生きることを可能にする道であるというのがベンサムの信念であった。

第三は、学習する学科の順序は、理解しやすいものから始めるということである。これは生徒の能力を考え、その才能と天性に反して教育をするようなことがあってはならない、というごく当然の主張である。

以上がベンサムの中流以上の家庭の子弟を教育する場合の基本原理である。生徒の興味をよびおこし、その知識をひろめ、他人に対する共感をひきだし、このようにして一人一人のもっている能力を最大限に発揮させて、価値のある市民にまで育てあげようというのがかれの全教育計画の目的であった。なおかれは、学校経営の問題にも関心をもち、助教法を実践するために、生徒のなかから監督者を任命する監督生制度の整備が必要であるといい、また当時の習慣にさからって、学校から体刑というものを追放しなければならないといっている。人道主義者ベンサムの面目躍如たるものがあるというべきであろう。

しかしベンサムの教育理論における実学主義は、児童生徒の芸術的・道徳的・宗教的な感情を豊かにするという、いわゆる情操教育の面で欠陥をもっていたことはすでに指摘したとおりである。あのジョン＝スチュアート＝ミルのことばをもう一度かりていうならば、ベンサム主義教育の一つの結果は、「人生の一要素としての詩歌および一般の想像力の価値を軽視するということであった。」ベンサム主義者は詩歌の敵であるというのが、かれらに対して世のなかの人々があたえた評価の一部であった。ベンサム自身は「いっさいの詩歌は虚偽の表現だ」とつねにいっていたとミルはのべている。もしベンサムのいうとおりだとすれば、すべて人を感動させるものはみな虚偽だということになるであろう。算術の運算以上に文飾的な性質をもつ表現や教えはすべて虚偽になるであろう。ミルがベンサムに対して距離をおくようになったのは、まさにこの点においてであった。

ベンサムの理論は、かれの人道主義的な改革の意図にもかかわらず、人間を無味乾燥の事実の世界におとしいれ、非人間化の道へとつきすすんでしまったように思われる。それは結局、かれの「功利の原理」が冷酷無情な「資本の論理」そのものにほかならなかったからである。かれの理論は同時代のドイツの哲学者ヘーゲルの体系と同様に、近代社会に生きる人間の自己疎外の現象をそのものずばりで示すものであったのである。

経済思想

スミスとベンサム

ベンサムは自由主義の戦士であった。かれの「功利の原理」にもとづく政治と法律と教育についての理論は、要約すれば、産業革命の渦中《かちゅう》にあって自分たちの能力に自信をもち、さらに無限に自由にその企業家としての活動をのばしていこうとするブルジョアジーの考えかたを代弁するものであった。しかし「自由主義」を、資本主義経済の実態を理論的に分析することによって一つの「思想」として確立したのは、ベンサムの先輩の経済学者アダム＝スミスであった。スミスの『国富論』（一七七六）は、ベンサムの『政府論断章』と同じ年に公刊されたものであるが、それは資本主義的生産のしくみを科学的に明らかにし、利潤の追求は資本にとっては当然の機能であって、それを善とか悪とかいうこと自体がまちがいであることを証明した。

こうした利潤追求に専念する人間の存在の形態は、いわゆる「経済人」というものによって代表される。この経済人は、利己的な冷血動物のような人間として、冷静に自分の経済活動をながめ、計算し、経済を道徳の束縛から解放したところで運用する。かれの経済活動を束縛するものは、かれの死のほかにはなにもありえない。すべての経済人がそれぞれ各自の自由に徹して経済活動をすれば、おのずから社会には「調和」が実現するはずである。なぜなら、人間の目には見えない神の手があって、世のなかをコントロールするからである。スミスのこの徹底した自由放任主義の経済理論こそ、伝統的道徳の虚偽性をかなぐりすてた、楽天的で自由主義的な人間観をささえる理論の決定版となったのである。

近代市民社会は、産業ブルジョアジーの完全な勝利に向かってうごきつつあった。このかがやかしい現実は、ホッブズやロックがいったような「契約」によってもたらされたものではなく、ブルジョアジーの経済的「実力」によってかちとられたものである。かつては契約を盾《たて》にとって、みずからの自由と平等の自然権の保証を特権貴族支配層に向かって要求したブルジョアジーは、今やスミスをとおして、仮空の契約によってではなく、自己自身の存在をこれみよがしに主張することによって、自由と平等とを、そして、とくに財産権の安全保証を要求するようになった。かれらの存在そのものがかれらの権利の根拠となったのである。ベンサムがブルジョアジーの「契約」理論を、ブラックストーン批判の形で理論化したことはすでにくわしく検討したところである。この点においてもベンサムは、完全にスミスの後継者であった。

アダム＝スミス

スミスは、しかし、冷血なる経済人の一面だけを主張したのではなかった。スミスの『道徳情操論』（一七五九）は、『国富論』とは反対にあたたかい血のかよう人間の倫理を探究した書物である。

「国富論」的人間は利己主義に徹底するのであるが、スミスによれば、人間には打算的理性の底に実は利他的な感情が秘められている。スミスにとっては「完全なる有徳の士」というのは、自分自身の幸福のことを心配する「慎慮《しんりょ》」と、他人のことを考慮する「仁愛」と「正義」との三つの徳をそなえた人のことである。そして人間の社会生活をほんとうの意味でささえるのは正義の徳である。「社会はあたかも異なる商人たちのあいだにおいてと同じように、異なる人々のあいだにおいて、なんら相互の愛情や愛着がなくとも、お互いがもつ功利の感覚によって存立することができる」とスミスはいっている。つまり、仁愛の徳なしでも、相互に他人を利用しあうことが便利だと感じることで、社会は成りたつことができるというのである。「これに反して、正義は社会の全殿堂を支《ささ》える大黒柱《だいこくばしら》である。」すなわち、社会を成立させる「功利の感覚」も、正義の徳なしには、ばらばらになってしまって、社会をむすびつける役を果たすことはできないというのである。社会的徳として正義が仁愛よりも優位にたつ理由はここにある。

すでにヒュームが明らかにしたように、仁愛は自然に人間にそなわる徳であるが、正義は人為的な徳である。正義とは具体的にいえば、人為的につくられた法律に表現される人類社会の理想であり、あるいはもっとわかりやすくいえば、法律を守ること自体なのである。ヒュームは正義よりも仁愛を優位においたが、スミスはそれを逆転させた。このことは、自然法よりも人間の作為による実定法をより多く尊重する傾向がスミスにおいてはっきりあらわれてきたことを示すものである。ベンサムはこのスミスの示した方向をさらに顕著におしすすめた。ベンサムは、社会の正義を守り、秩序を維持するものはひとり法律あるのみと考えたのである。ベンサムは、明らかに近代的な意味での法治主義者であり、法万能主義者であったということができる。「自然」と、人間による「作為」とは、ここにはっきりと区別された。

高利の弁護

このように、基本的にはベンサムはスミスの思想を全面的にうけいれ、それをスミスの精神にそってさらに一歩前進させた。スミスになおいくらか残っていた経済的自由主義の不徹底な要素は、ベンサムによってとりのぞかれることになった。たとえば、ベンサムの『高利弁護論』（一七八七）がその一例である。この本はベンサムが弟のサムエルをロシアにたずねたときに、一連の手紙をイギリスの友人に書き送るという形でつくられたものであることはさきにのべておいたとおりである。

ベンサムは自然権や社会契約の事実を否定した。しかしかれは、自然権説や社会契約説が国家（政府）というものを、個人の利益を保護するための「必要なる害悪」だとみる考えかたそのものまでも否定したのではなかった。むしろスミスと同じように、国家は各個人の利己的な経済活動を自由に放任する政策をとるのが最も賢明であると主張したのである。経済活動は自然のままに放っておけばよいのであって、国家権力による経済統制などは必要でないどころか、自由に対する侵害であり害悪である。元来、スミスの思想をもっていえば、国家のなすべき義務は次の三つだけなのである。第一には、社会を他の社会の暴力や侵略から防衛する義務であり、第二には、社会の各メンバーが他のメンバーの不正な行為や圧力によって害されるのを防ぐ義務、すなわち、法律によって正義の確立をはかる義務であり、第三には、個人や少数者だけが行なうのではその人たちの利益にならないような特定の公共事業を行ない、また、特定の公共施設（学校など）を設立し維持する義務である。これら以外のことについては、国家や政府はできるだけだまっているにことしたことはないというわけである。

しかし、スミスは穏健な学者であって、社会の急激な変化を望まなかったから、さまざまの経済政策のいっさいが急速に自由放任主義に転換しなければならないとは主張しなかった。たとえば、イギリスの港に出入りするオランダ船を規制して、国内産業の保護奨励をはかるために、一六五一年にクロムウェルが制定した航海条令や、ある種の輸出奨励金を国家が負担する制度などは是認した。そして、高利貸に対する国家立法による干渉の必要性を強く主張した。

元来、利子または利息というものは、貨幣の持主がこれを資本として他の人に貸付けて使用させた場合の使用料である。この貸付資本とそこに生まれる利子は非常に古くから存在したものであって、近代的な企業家的生産ないし商業がおこるずっと以前からあった。しかし、企業家的生産や商業が未発達な時代には、他人から借りる貨幣は、借りた人の消費生活にあてがわれることが多かったわけであるから、貸した人は貨幣を返済してもらうあては少なかった。貸した貨幣が生産や商売に使われて、もうけが多ければ、返済も容易であろうが、全部消費にまわされたのではそれが困難だからである。そこで、その危険をカバーするために高い利子をとって貸すということになる。現代でも一番高い利子が認められているのは、零細な貨幣に困っている人が町の金融業者から借りる消費金融の場合である。昔はこうした消費金融が大部分であったので、法律または慣習によって利子をとることが禁止されたこともある。貨幣が資本として生産や商業に使用された場合に利潤をうむという性質が明確に認識されなかったために、利子をとることは不当な行為だとみられたからである。

スミスの『国富論』は、産業革命が始まったばかりである一七七六年にでたのであるが、そのころにはすでに資本主義的生産もかなり発展しており、商業活動もまた植民地貿易を背景にして活発であったわけであるから、利子も当然、資本の需要と供給の関係によって自動的・法則的に決定されることは理論としては理解されていた。しかし、現実には高利貸に悩まされる企業家や消費者が多かった。スミスは、高利という現象もまた自由主義経済が必然的にともなう害悪だといって、これをみのがすほどに冷血漢ではありえなかった。かれには高利貸にまつわる多くの非人間的な悪魔の笑いが忘れられなかったにちがいない。

ところがベンサムは異なる。ベンサムはどこまでも原理の貫徹を要求する。経済の自由放任主義を主張するなら最後までその態度をつらぬくべきではないか。国家の個人経済に対する干渉を排除するなら例外を認めるべきではない。こう考えてベンサムは、スミスの、国家による高利規制の立法が必要であるという説を退けたのである。しかし、「高利弁護論」という題はやや誤解をまねきやすい。ベンサムはけっして高利貸の行為や高利そのものを善いものとして積極的に是認しているわけではない。かれの基本的な立場である自由主義の見地からみれば、政府や立法者の高利貸に対する干渉は、善よりも弊害を多くうむことは明白である、というのがかれの発言の理由なのである。

かれはこの本で、十分に成熟して健全な精神をもち、自由に自分の目でものを見て活動できる人間は、自分の利益のためにはいかなる取り引きをしてもよいのだという、当時としては目新しい理論を展開している。表面だけ紳士ぶった貴族主義的な姑息《こそく》な取り引き関係は、まっこうから打倒しなければならないものであった。各人はかれ自身の利益の最高の裁判官であること、各人の利益が公共の利益に直接につながること、この理論が利子をとって貨幣を貸す行為にも適用されてなんの支障もないこと。これらのことが明快に論じられたのである。ベンサムがのちに書いた経済に関する著書・論文においても、この基本的姿勢は多少の修正はなされても、大筋に変わりはなかった。

自由貿易

以上にのべたことから当然理解されるように、ベンサムは自由貿易論者であった。かれの著書で、初めフランス語で出版された『刑罰および報酬の理論』（一八一一）は、一七七五年ころに書かれたベンサムの原稿をもとにして、スイス人エティエンヌ＝デュモンがまとめたものであるが、これがのちに英訳され、二冊に分けて世にだされた。『報酬の理論的根拠』（一八二五）と『刑罰の理論的根拠』（一八三〇）がそれである。このうちの前者にベンサムの自由貿易論がみられる。

ところでデュモンという人は、ミル『自伝』にもたびたび名前があらわれるベンサム周辺の重要人物の一人である。かれはスイスのジュネーブの市民であり、そこのある教会の牧師をしていたが、ある政治上のトラブルのためにジュネーブをのがれ、しばらくのあいだロシアのペテルスブルグ（今のレニングラード）に居をかまえた。一七八五年にシェルバーン卿の息子の家庭教師としてロンドンにやってきて、ロシア旅行から帰ったあと、あい変わらずシェルバーン邸に出入りしていたベンサムとあい知った。デュモンはたびたびフランスをおとずれ、文筆上のことや政治上のことでフランスの重農主義の経済学者ミラボーと交際があった。デュモンはさきにあげた書物のほかに、ベンサムの立法論を『民事および刑事立法綱要』としてまとめて、一八〇二年にフランス語で出版した。フランス革命直後のことでもあり、ヨーロッパ各国が新秩序の確立を必要としたことと、南米のラテン諸国が十九世紀の初めに、次々と独立する機運にあったために、新しい「国づくり」の必要があったことが理由で、この書物は一八三〇年までに四万部がパリで売れた。ベンサムの名前がイギリス本国よりは、むしろフランス・ドイツ・ロシア・ギリシア・南米諸国その他の海外の国々ではやくから有名になったのは、デュモンに負うところが大きかった。

さて、イギリスにおける自由貿易要求の運動は、「穀物法」の撤廃運動からおこった。穀物法の歴史的起源はナポレオン戦争時代に求められる。ナポレオンはイギリスを制圧するために、一八〇六年に「大陸封鎖令」を発布して、ヨーロッパ大陸からイギリスへ工業原料や食料を送り込むことを禁止した。このためにイギリスでは穀物の値段が非常に高くなって、穀物の国内生産を独占するトーリー党的な貴族・地主階級は膨大な利益をあげた。ところが、ナポレオンが敗れ、大陸封鎖令が解除されると、大陸から多量の穀類が輸入され、穀物の価格がさがり、地主たちの利益は減少した。そこで地主階級は議会をとおして法律をつくり、国外からの穀物の輸入を制限して国内穀物の高価格を維持しようとした。これが一八一五年公布の「穀物法」

である。

　この法律は地主階級の利益を保護したが、労働者をかかえる産業資本家は労働賃金があがることに悩み、労働者たちも、もちろん、食料が高価なために生活が苦しくなる一方であった。そこで、マンチェスターの工場経営者であるリチャード＝コブデンとジョン＝ブライトを中心にして、「反穀物法同盟」が一八三八年に結成されて強い反対運動が展開された。すでに一八三二年の選挙法改正によって議会の空気もようやく自由主義的傾向をましていたし、また、一八四五年にはアイルランドに凶作があったこともてつだって、穀物法もついに、一八四六年にはその撤廃が議会できまった。それ以来自由貿易を抑制する保護関税はほとんど廃止され、一八四九年には航海条例も撤廃された。そして一八六〇年にはイギリスとフランスのあいだに自由貿易の立場にたつ通商条約がむすばれ、ここにイギリスは、完全な自由貿易の時代にはいることになったのである。

穀物法廃止運動の風刺画

　産業革命がおこってから約百年、ベンサムの死後約三十年の歳月がながれて、ようやく産業ブルジョアジーの要求する自由主義経済は名実ともに勝利を手にすることができた。この期間において最も貧困な生活に苦しめられたのが労働者階級であったことはいうまでもない。ここに、十九世紀初頭のイギリス南部農村地域の農業労働者の生活についての記録がある。かれらは道路のごみくずで固めた土壁づくりのみじめな小屋に住んでいた。部屋は三メートル四方のものが一つ、それに小さな窓が一つあいているだけ。屋根はカヤぶきであった。この小屋に十一人も住んでいたのである。紅茶とじゃがいもを常食とし、パン・チーズ・ブタ肉・ベーコンなどをごくたまに食べるという程度であったらしい。穀物はたえまなく値段が上昇するのに、賃金はおそろしく低かった。[1] こうした状態におかれた生活窮乏者の群のなかに、初めはブルジョアジーの改革要求に声援をおくり、のちにはみずからの要求を直接に表明しようとする、新しい社会運動の芽が自然発生的に成長していったのである。

ベンサムはアダム＝スミス以上に無制限の自由競争をたたえた。国家が私的企業に干渉し、保護し、統制するということは、国の富そのものに膨大な損害をあたえるばかりでなく、自由な私企業間の競争をさまたげ、その健全な成長をじゃますることになる。国家権力におんぶする幼弱な資本主義は、国家にとっても資本主義そのものにとっても、百害あって一利なきものであることをベンサムはみぬいていた。貿易についても同様である。自由貿易の競争にたえうる企業のみが勝利をえ、その力によってさらに国内の産業は自由に発展して、最低の物価と最善の労働力を維持することができるというのである。ベンサムは理論経済学者としてはそれほどの貢献をしていない。スミス・マルサス・リカード・ミル父子と続く古典経済学派の系列の

1) 『イギリス産業革命社会史研究』五島茂（日本評論社）一九四九年　一一～一四ページ参照。

仲間入りすら容易でないくらいである。しかし、経済学上の知識を立法や法典化のしごとに応用し、時代のかかえるさまざまの重要問題に対して、当時の客観状勢にてらして最も有効だと思われる具体的な改革案を提示している点では、やはり無視することのできない功績を残したものということができる。

植民地政策

アメリカ東部十三州を失ってからは、イギリスの政治家たちは、七つの海を支配する大英帝国の全土を、これ以上の損傷をきたさずに、しっかり保全するということを目標とするようになった。この目標を達成するために、イギリスの植民地政策はおりにふれて修正されるのであった。かれら政治家たちは、植民地を失うのは植民地の政治体制に欠陥があることも理由の一つだと信じた。したがってかれらは、独立戦争のさわぎがおこる以前の北アメリカ海岸や西インド諸島にみられた型の統治を好まなかった。そこでは一人の知事と任命された行政評議会と植民地人から選出された議会とに統治権があたえられていたのである。もしアメリカの植民地がイギリス本国型の政治体制（憲法）をもち、国王と貴族と平民とのあいだに完全なバランスが保たれるというようなやりかたをしていたなら、その損失はまぬがれえたにちがいないとかれらは考えた。そこでかれらは、植民地の政治体制に欠けているのは、拒否権その他の国王がもつ特権を効果的に行使する強力な行政機関と、同じく地元民の代表議会の民主的な精神を抑制するようにはたらく強力な第二院とであるという見解に到達した。

そこで、アイルランド向けの新しい憲法を考案するにあたって、イギリス本国の憲法を手本としてやってみようという試みがなされたが、これは失敗した。それと似た政治体制はカナダにおいても樹立されたが、それは結局期待されたような結果をもたらさなかった。というのは、型だけはイギリス本国のものと似ていたが、下院（地元民の代表議会）によって行使された権力が、イギリスの場合とは異なるものであったからである。イギリス人の移民たちが入植した西インド諸島方面の諸領地の政治体制は、行政機関をしっかりたてなおすことによって改善されたが、入植者たちに議会を構成する特権を譲歩することは手をつけないままにしておかれた。世界の植民地をめぐる英仏の激しい戦いに、一応の終止符をうった一七六三年のパリ平和会議の結果、イギリスはフランスから西インド諸島方面の植民地をゆずりうけていた。これらの植民地は、アメリカ独立戦争の期間中フランスが再占領し、戦争が終わったときにイギリスに返されたのであった。イギリスの政治家たちは考えた。フランスが入植者の味方をするなら、地元で代表議会を選出してもそのメンバーの絶対多数は外国人によって占められるからあまり好ましくないであろうと。これが西インド植民地に議会特権をあたえることをためらった理由である。

ロンドンの東インド会社

そうこうしているうちに、もう一つ別のタイプの政治体制が東洋においてできあがりつつあった。インドはイギリス政府によって征服され、統治されたのではなく、東インド会社によって征服され、統治されてきた。東インド会社は東洋で貿易に従事する半ば絶対的な特権をあたえられていた。しかし、インド総督ヘースティングの、ベンガル州における土人誅求《ちゅうきゅう》の暴政をイギリスの国民が知ったとき、かれら国民は東インド会社の暴虐《ぼうぎゃく》な政治に終止符をうち、正義にかなった政治を行ない、イギリスの貿易を維持するにたるべき、信頼のおける政府をインドに樹立することを欲した。

最初に提案された善後策は、東インド会社の支配をやめて、イギリス本国政府によって直接に管理される強力な行政機関をインドに樹立するということであった。しかしウィリアム＝ピット（小ピット）は、一七八四年に妥協策をとって、東インド会社の願望をもとりいれた案を実施した。かれはインド問題を二つの相互に独立の分野に分けた。一つは政治上ならびに財政上の管理の分野であり、他は商業活動の分野である。ピットは商業活動は全面的に東インド会社の手に任せたが、政治上ならびに財政上の管理を督励するために、本国政府の閣僚の一人を議長とする管理委員会を任命した。英領インドの行政機関はこのときに強化されたのである。カルカッタのフォートーウィリアムにあったインド総督は、マドラスとボンベイに対する管轄権をもあたえられた。一七八八年には、総督はかれのもとにあった評議会の議決を拒否することも許されることになったし、また一八〇〇年には、かれは最高司令官にもあわせ任命された。そのほか、インドの他州の知事たちとともに、総督は一般の植民地の知事がもっていたよりもより大きな民政上ならびに軍政上の事項を統括する力をあたえられた。

直接統治

フランス革命に反対する戦争がヨーロッパでおこった一七九三年には、このようにして、すでにイギリスの政治家たちは、大英帝国の領内における植民地政治の諸問題について比較的広い経験をもっていた。かれらは当時の世界状勢からみて、アイルランド・カナダ・西インド諸島においては、行政機関による、より厳格な管理が必要であることを知っていた。またインドでは、貿易会社を通じて統治するよりも、イギリス本国から直接に統治することを欲した。住民の大部分がイギリス人以外によって占められる島々では、代表議会制による統治は危険であると考えた。フランスを敵とする戦争が、イギリスの政治家たちに、より強力な直接統治型の植民地政策をとらせるようにしむけたのである。

そこで、対フランス革命戦争およびそれに続く対ナポレオン戦争の期間中に、カリブ海のサンードミニゴやマルチニークのごとき新しい植民地を手に入れたとき、かれらはこれらの植民地に対して、インドの政治体制ならびに、一七七四年のケベック法によって賦与されたカナダの政治体制と類似する政治体制をあたえた。ケベック法は、フランス系のカナダ人がイギリスの入植者たちと手をにぎって、入植者たちを大英帝国からひき離してしまう危険があるので、それを防止しようとするものであった。すべてこれらの植民地においては、インドにおけると同じように、行政権力は、民政上のものも軍政上のものも、ただ一人知事にだけ賦与された。いずれの場合においても、小さな評議会が知事を助けることになっていたが、知事はその評議会の勧告に反して自由にふるまうことができた。かれはただ、かれと意見を異にする評議員たちの反対の理由を記録し、それを本国政府の担当国務卿に報告しさえすればよかったのである。しかし、カナダにおいてケベック法が譲歩したように、それぞれの土地の昔からの制度のいくつかはそのまま残されることになった。たとえば、プロテスタント流儀の礼拝も許されはしたが、フランスがもちこんだローマーカソリックの教会が存続されたし、また、フランス法とフランスの裁判制度もそのままうけつがれることになった。これまでの古い財政上のしくみも、イギリス本国の大蔵省の監督のもとにもちこされることになった。

このように、アメリカ植民地の独立や対フランスの戦争におびやかされたイギリスの植民主義者たちは、植民地を自分たちの手に確保しておくために、直接統治という、本国政府にとって責任も大きく財政負担もおそろしく重い方式に向かって歩みだしていた。こうしたことは、国家財政をできるだけきりつめ、「安価な政府」を望ましいものとする自由主義の立場からみれば、あまり歓迎されるべき政治の方向とはいえなかった。そのうえベンサムのように、すべてを冷静に計算して利害をわりだし、それにもとづいて政策を決定すべきだと主張する人にとっては、植民地を「所有」して、そのために多額の行政費を使うことが、果たして国として有利かどうかは大いに反省してみなければならない問題であった。

すでにのべたように、ベンサムは自分がフランスの名誉市民に推奨されたという権利をうまく行使して、一七九三年には、フランス国民議会あてに「諸君の植民地を解放せよ」というよびかけを行なっている。ベンサムのこの「フランス市民」としての発言は、「イギリス国民」としての立場にもどっても、もちろん、変わるものではなかった。かれは、フランスがイギリスにとって最大の競争国であるから、その勢力をそぐために植民地を解放せよとさけんだのではなくて、植民地の解放がフランスにとっても、またイギリスにとっても有利であるからその解放を推奨したのである。そしてさらに、植民地の人々自身の幸福をも計算にいれて発言しているのである。しかし、このベンサムの植民地観の背後には、ふたたびスミスの植民地観がよこたわっている。

植民地放棄論

スミスは資本主義的生産の原理の一つを「分業の原理」に求めた。そしてこの原理は、一国の資本主義内部においてはたらくばかりでなく、そのまま国際間にも適用される。かれは『国富論』でいっている。「いやしくも思慮に富む一家のあるじは、買うよりも高くつくものを、自分のところでつくろうとしてはいけない、という格言がある。……一家の経済をととのえるうえでの思慮ある行為は、一国にとってもまた愚かなことであるはずがない。もしある商品をわれわれが自分で製造するよりも安く、外国がわれわれに供給してくれるならば、われわれはなんらかの意味でわれわれが得意とするやりかたで産業をおこし、その生産物の一部をもってその商品を買ったほうがよいのである」と。国外市場のごときも資本主義にとっては自由貿易の必要上自然に形成されるはずであって、武力による制圧などによって植民地として領有することは、右にのべた思慮ある行為とはいえない。しかも国家がその本来の義務の範囲をこえて植民地の所有とその経営にのりだすことは、賢明な一家のあるじのなすべきことではない、とスミスは考えるのである。

一つの国がその国の農業を基礎とし、国内市場をふまえて発展させた工業は、どのように強力な外国がこれと競争をしても、またどれほどに圧制的な植民地政策をとっても、これをおしつぶしてしまうことはできない。そのような工業を発展させるほどに成長した富裕な国々は、当然独立する条件をそなえたものといわなければならない。アメリカの植民地がそのよい例である。このようにしてスミスは、アメリカの独立を容認し、そこから、かれの植民地放棄論を主張したのである。

ベンサムの植民地論は、一七九八年に、デュモンによって編集されたフランス語版の『イギリス文庫』におさめられた『経済学便覧』においてみることができる。この本でベンサムは、国家がなすべきことと国家がなすべからざることを表にしてあげているが、後者のほうがはるかに多く、かれがいかに国家の干渉をきらったかがよく知られる。

ベンサムは植民地というものに執着しなかった。植民地を保持することは、いくらかの点で植民地そのものの幸福と、したがってまた、人類全体の幸福に対して役にたつことがありうるであろうが、植民地を保持する本国にとっては、けっしてそれは富の源泉となることはできない、とベンサムは考える。それゆえに、植民地を放棄することは、国の損失でないどころか、かえって利益となるのである。一つの植民地を放棄しても、その代わりに別の植民地を所有するのではなにもならない。ある地域と貿易するのに、その地域を力づくで植民地として所有することはすこしも必要ではない。植民地を所有しないために貿易が行なわれないとしても、そのために用意されるべき資本は、かならず他の企業に向けられて有効なはたらきをすることができるはずである。以上がベンサムの植民地放棄論ともいうべきものである。植民地を軍事力によって占拠し、自国の資本主義のための国外市場として確保しようと意図する、いわゆる「帝国主義」の理論は、ベンサムにおいてはみいだすことができない。しかし、スミスやベンサムが主張した植民地の放棄は、ベンサムの死後百年以上もたった二十世紀の第二次世界大戦後においてようやく全面的に行なわれるようになったにすぎない。ベンサムの人道主義的な自由主義も、かれが弁護した資本主義自身がとめどもなく膨張をとげ、やがて帝国主義化していくことをくいとめることはできなかったし、また、くいとめることはベンサムの本意ではありえなかったのである。

しかし、それにもかかわらず、ベンサムが『道徳および立法の原理序論』の最後の注において、一七八八年にアメリカ合衆国ノースカロライナ州で制定された「権利の宣言」の第一条を引用して、これを高く評価しているのをみるとき、われわれは、ベンサムの思想的・学問的生涯の目的と理想がどこにあったのかということを、はっきりと再確認することができる。それは次のような条文である。

「人間が一つの社会的盟約をつくりあげるとき、かれらの子孫から剝奪《はくだつ》することのできないいくつかの自然の権利がある。そのなかには、財産を獲得し、所有し、保護することによって、また、幸福と安全を追求し、手にいれることによって、生命と自由を享受する権利が含まれる。」

ベンサムは自然権説はこれを否定したが、自然権が主張する内容そのものは法律によって防衛されるべきものとしてこれを肯定した。「生命と自由」、そして「財産」と「幸福」と「安全」。これらが、イギリス人たると植民地の原住民たるとを問わず、すべての人間によって享受されるべき「最大幸福」の内容であった。

かれはどこまでも自由の理想をかかげとおした信念の思想家であったのである。

わたしは、さきに、ベンサムの「生涯編」で、ベンサムが今なおロンドン大学の一隅に座して、世界に対してにらみをきかしていることについてのべた。かれが主張した多くの問題は、もはや解決ずみとなったり、あるいは時代おくれとなったかもしれない。しかし、こと植民地の解放——逆にいえば、植民地民族の独立——ということになれば、現在なお進行中であって、ベンサムに、さらに強く、そのにらみをきかせてもらいたい問題の一つであることは、否定することのできない事実である。

アジアとベンサム

緑の島

ポルトガル人が、日本の九州の大分県、神宮寺の海岸に漂着したのは一五四一年のことであった。そして、その翌々年には、はやくも今の種子島《たねがしま》の東南端に上陸、初めて鉄砲をもちこみ、南の海上から初期西欧植民主義のなぐりこみをかけてきた。日本は、そのころは戦国時代のまっただなかで強力な統一政権もなく、一般民衆の生活はたえまもない戦争の陰で悲惨な状態にあり、外部から日本をうかがうのには好条件がそろっていた。しかし幸いにも、日本がヨーロッパから最も遠く離れた「極東」にあったことと、西欧植民主義諸国が互いにインド洋の周辺で勢力争いにうきみをやつしていたせいで、遠く黒潮にのってせのびをしてきた西欧植民主義の先陣争いは、やがて武力統一を達成した徳川幕府の「鎖国《さこく》」政策の前に、それから約三百年のあいだ足ぶみをしなければならなかった。

ところが同じアジアの島国でも、インド半島の東南の先にひっそりとたたずむ「東洋の真珠」セイロンの島では、日本とはちがった歴史の歩みをたどらなければならなかった。セイロンは紀元前五、六世紀以来りっぱな独立国であり、インドから仏教をとりいれてすばらしい仏教文化の伝統を維持発展させ、すぐれた英雄的国王たちによってつくられた巨大な灌漑《かんがい》用の湖水に、美しいダゴバ(仏陀の遺物を納める塔)が、緑の森

セイロンの古都付近の塔と水田とココナツ畑の風景（坂本敏氏撮影）

とともにその姿を映している平和の園であったが、一五〇五年、突如として西海岸に姿をみせたポルトガル人の手中におちてしまった。

　ポルトガルはかねてから東方の貿易路の開拓に熱心であったが、リスボンを出発したヴァスコ＝ダ＝ガマが喜望峰を回ってついに初めてインド西岸のカリカットに到着し、西欧とインドを直接に船でむすぶ航路を確立したのは一四九八年のことであった。カリカットを根拠地として東洋貿易に覇《は》をとなえようとしたポルトガル人が、インドのマラバル海岸を南下して南端コモリン岬を東へ回ったとき、かれらの目に映ったものは陽にやけただれたインドの不毛の岩山とはうって変わった緑の島セイロンであった。胡椒《こしょう》や肉桂《にっけい》（ニッキ）などの香料の貿易を主要な目的としたかれらには、セイロンはあたかも「宝の島」であった。そればかりではない。ベンガル湾を渡ってさらに東の島々にまで船路をのばそうとするとき、セイロンは果てしなくひろがるインド洋の要《かなめ》の場所にある絶好の仲継地であり薪水《しんすい》の補給所であった。

　ポルトガル人のあとを追ってきた他の西欧植民主義諸国が、セイロンをそのまま放置しておくはずはない。島の東海岸にあるセイロン唯一のふかいトリンコマリーの入江は、インド洋上の制海権を確保するためには比類のない軍港となりうる素質をそなえていたし、また、東北のモンスーンをまともにうけるインド東海岸の艦隊の避難港としてもうってつけであった。したがってこの港が、その後オランダ・フランス・イギリスの諸海軍の執拗《しつよう》な争奪戦の対象となったことはあやしむにたりない。セイロンは、その地理的位置とそれがもつ自然的条件のゆえに、日本と同じアジア大陸に接する島国でありながら、西欧植民主義諸国の経済的・軍事的競争の犠牲となり、もみくちゃにされてしまったのである。オランダがポルトガルにとって代わって、セイロンの海岸地帯を占領したのが一六五八年。イギリスがオランダを駆逐《くちく》して島を手に入れたのが一七九六年。そしてついに中央高地に残存した土着王国最後の国王を捕虜にして、イギリスがセイロン全島を完全に占領したのは一八一五年であった。以来一九四八年二月四日の独立達成まで、約一世紀半の長きにわたって、イギリスはセイロンを領有、支配したのである。

さて、わたしは、なぜ本書においてセイロンの話などをするのであろうか。諸君はもう、うすうすお気づきのことだろうと思うが、本書の主人公であるジェレミー＝ベンサムの思想が、直接・間接にこのセイロン島の十九世紀以後の運命とかかわりをもつからである。

古きしがらみ

十八世紀の末に、イギリスが支配しはじめたころのセイロン島は、自給自足をたてまえとする農村から成りたっていた。その昔、国王や封建大名によって領有されていた土地は、それぞれの地方の勢力ある酋長《しゆうちよう》やお寺などの手に帰し、これらの土地には、農民や漁民や土器づくりやそのほかの職業の人々の集団が、それぞれ別々に集落をつくって住みついていた。かれらの主食は米であったから、稲を栽培する農民が身分としては一番高い地位にあった。これらの別々の集落に別々の職業をもって住みつき、身分も別々だと考えて、集団相互間では結婚もしなければ食事もいっしょにしない人々の集団がカーストとよばれるものである。セイロンのカーストはもちろん古代インドのバラモン教社会に発達し、確立したカースト制度がその源であるが、形は全くくずれていて、セイロン化してしまっている。しかし、人間の社会的平等という点からみれば、やはりおそろしく前近代的なものであることにちがいはない。もっとも、今のわが国でさえ、未開放部落の問題やそのほかの人間差別の現象がなくなっていないのであるから、われわれは、けっして、インドやセイロンのことを笑っているわけにはいかない。

セイロンの社会制度として重要であり、経済的にも大きな役割を果たしていたのは、国王によって土地の所有を認められた各カーストの人々が、毎年一定の日数を国王の命令によって無償ではたらかなければならないという制度であった。これは「ラジャカリア」とよばれた。いうまでもなく、封建制特有の賦役《ふえき》の一種で、労働によって税金を支払うという形式のものである。しかし、労働の内容は農業用貯水池や道路や橋などの公共施設の修理が主であった。昔の国王に代わってセイロンを支配したイギリス人は、セイロン伝統のしきたりをあまりよく研究しないでインドでのやりかたをそのままセイロンにあてはめ、ラジャカリアの廃止を試みたが失敗した。結局、ラジャカリア方式は、実質的には、イギリス統治下のセイロンにおいても、イギリス政府に対する労働賦役という形で残らざるをえなかった。

一七九八年に、当時の第一次ピット内閣の国務卿で、東インド会社管理委員会の議長でもあったヘンリー＝ダンダスは、ピットの方針のもとに、ボンベイおよびマドラスとならんでセイロンのコロンボにも独立の知事をおき、この知事はカルカッタにあるベンガル総督（のちにインド総督）の管轄《かんかつ》下にはいることにした。そしてベンガル総督は、商業以外のことがらに関しては、ロンドンの本国政府の東インド会社管理委員会によって監督されたのである。セイロンの知事はボンベイやマドラスなどの州の知事とはちがって、すべての立法・行政・司法・軍事の各権限を独断で行使することができた。ほかの州ではそれぞれの行政評議会に相談しなければならなかったのである。歳入上の事務と、香料の独占を含む貿易の管理だけが、東インド会社に任せられた。文官の事務職員は知事の配下《はいか》におかれ、マドラスからセイロンに転勤してきたのであった。

代々の知事は、原則としてダンダスによって敷設されたレールのうえを歩んだ。知事がほとんど絶対ともいうべき権限をもってその政庁の仕事を統轄した。セイロンの資源は開発され、貿易と香料産業は盛んになってきた。イギリスは、一八一五年には最後の土着王国（キャンディー王国）を征服した。しかしかれらは、できるだけセイロン古来のしきたりを尊重し、イギリスの安全と貿易・産業の発展に支障をきたさないかぎり無益な衝突を避けるようにした。しかしそのおかげで、かえって、セイロンの人々の生活は依然として、強い植民主義者の経済的な搾取《さくしゅ》や、それ以外の強制労働に拘束され続けたのであり、古いカースト制のもとで停滞的な社会生活の状態にとどまることを余儀なくされた。ラジャカリアは、植民帝国イギリスをしてセイロンを意のままにあやつることを可能にさせた古きしがらみであった。

ゆれる本国

しかし、ダンダスによって指示され、代々の知事によって実施されたこのような政策は、イギリスの植民政策の変化につれてやがて終わりとなる。産業革命の結果としてイギリスは世界の工場となり、その政治的・経済的ならびに社会的な組織は急激に変化をみせつつあった。産業ブルジョアジーの制覇が確実なものになるにつれて、その半面における、社会の人間的悲惨もまた激化してきた。十八世紀の前半に、オクスフォードの大学生を中心として、営利追求にはしる世相に反対して戒律を厳格に守り、ふかい宗教的精神にもえて貧民の救済と伝道に従事するメソディストの宗教運動がおこったが、今や十八世紀の末から十九世紀の初頭にかけて、メソディストの精神の流れをくむ福音伝道《ふくいんでんどう》のヒューマニズム運動が盛んになった。多くの良心的な宗教家や知識人が、人間的悲惨にたち向かうこの運動に参加した。これらの人たちは、人間としてだれでもがもっているはずの「義務」の観念をはっきりともち、一般の民衆の運命にふかい関心をよせたのである。

このようにして、人々がいだくもろもろの観念も感情も価値意識も変わりつつあった。こうした変化はアダム＝スミスやジェレミー＝ベンサムやジェームズ＝ミルやそのほかの急進主義者たち、それにウィリアム＝ウィルバーフォースのごとき宗教上の指導者たちによってすでに明瞭《めいりょう》なものにされていた。特権商人の商業上の利益を保護することによって、国王の権力の維持をはかる重商主義の考えかたは、国家の経済活動への関与や、国民の一部だけを利する経済活動などとともに攻撃をうけた。生まれつきや人のつくった規定にもとづくいろいろの特権は否定され、法の前におけるすべての人間の平等が宣言された。伝統の重要性はその価値をおとしめられ、人間が本来もっている理性の力が大きな価値をあたえられた。すでにのべたように、ベンサムのいわゆる功利性（人間の幸福の増大にとって役にたつ性質）というものがあらゆることがらの価値をはかる尺度となり、幸福の量が人々の最大関心事となった。「最大多数の最大幸福」が政府の目的であるとされ、その結果として、民主主義が政府の最善の形態だと考えられるようになった。しかし、個人の権利が無視されたわけではない。いやむしろ、それが最も尊重されたのである。宗教上の寛容と自由な討議は歓迎されたし、思想、言論、行動の自由は鼓舞《こぶ》された。経済の分野では、アメリカ独立戦争で植民地を失ったにもかかわらず、産業革命の結果は、それらの旧植民地との貿易がかならずしも減退しないものであることを証明しつつあった。植民地の民族を犠牲にし、しかも多額の費用を支出して国家が植民地経営に干渉し、保護貿易に固執するのはどうみても正しいやりかたではないということが強調された。スミスやベンサムの主張は福音伝道主義者たちの主張と結果的には同一に帰したのである。

このようにしてアダム＝スミスの考えかたが、ジェレミー＝ベンサムやジェームズ＝ミルなどの急進主義者たちの考えかたとともに優勢になってきて、ほぼ一八二〇年ころから、イギリスの政策に対して影響をあたえはじめた。当時の新しい経済的諸条件や思想にとって無縁の、古めかしいやりかたや統制は一掃された。イギリスの法体系は改良された。法律家でなければわからない、むやみに難解な専門用語や専門技術の使用は除去され、また、法律上のまわりくどい擬制《ぎせい》――たとえば、AがBを約束不履行の理由で訴えたとすると、これをA・B両者間の直接の問題とみないで、Bの不法行為のせいで、Aは国王に対する債務を果たすことができないでいるとするような、なんの関係もない国王をあいだにもってくるようなこと――は廃止された。そして訴訟の費用は軽減され、手続きは簡素化され、時間が短縮された。さらに専制政治の形態は批判され、議会の改革がおしすすめられた。教育にはますます大きな関心がはらわれるようになり、奴隷制度への反対と後進諸民族への関心が強められた。イギリス帝国は諸国民の連合であって、そのなかにあっては植民地の人民もまた、王国の市民として本国人と同列にならぶべきものであるという思想さえ、少数の論者のあいだでは頭をもたげはじめたのである。

調査団きたる

ちょうど、こうした新しい思想がイギリスの植民地政策に影響をあたえはじめたころ、一八二三年の一月十八日に、二人の人物が東洋植民地調査委員団に任命された。一人は、一八一九年、オーストラリアの流刑者入植に関する問題の調査のために、ニュー＝サウス＝ウェールズへ委員として派遣されたことのあるジョン＝トマス＝ビッグで、この人は西インド諸島方面のことについても学識経験をもつ法律家であった。他の一人は、東洋のことについて十分な経験をもつ、ウィリアム＝マクビーン＝ジョージ＝コールブルックであった。一八二五年には、ウィリアム＝ブレアがくわえられたが、ビッグとブレアは二人とも健康を害して、一八二八年にはイギリスへ帰らなければならなかった。そこでコールブルックは、一八二九年の四月十一日に一人でセイロンにやってきた。しかしまもなく、その年の五月四日に、エジンバラの法律家のキャンベル＝ドゥラモンド＝リッデルが、司法および法律手続き上のことがらの細かなことでコールブルックを援助するように任命された。かれは九月十五日にセイロンに到着したが、数か月後にはニュー＝サウス＝ウェールズに任命がえになってセイロンを離れた。そこでさらに、スコットランドの法律家のチャールス＝ヘイ＝キャメロンが、リッデルの転出によってあいた席をうめるために任命された。キャメロンがセイロンに上陸したのは翌一八三〇年の三月二十六日であった。

コールブルックはもともと陸軍の軍人であり、セイロンでの仕事が終わってからは西インド諸島の知事となった。そのあと本国に帰って軍人にもどり、陸軍大将となってはたらき、一八七〇年に八十三歳でなくなった。このように、軍人あるいは外交官としては知られているが、その思想の特色についてはあまり知られていない。しかし、セイロンに関するかれの報告書は、かれが福音主義者やアダム＝スミス・ジェレミー＝ベンサム・ジェームズ＝ミルその他の急進主義者たちの思想の影響下にあったことをはっきりと示している。一方のキャメロンは、一七九五年二月十一日の生まれで、一八二〇年にロンドンのリンカーン法学院で弁護士の免許をうけた。この前後に、かれはベンサムの弟子として勉強し、また古典学者としても高い水準に達した。セイロンでの使命を果たしたあとインド法律制定委員となり、マコーレーをたすけてインドの刑法のしたごしらえをした。一八四三年にベンガルの最高評議会の一員となったが、一八四八年には本国に帰り、詩人テニスンの隣人として、数年間イギリス南岸ポーツマスの対岸にある、ワイト島のフレッシュ＝ウォーターに住んだ。一八七五年、八十歳のときにふたたびセイロンにやってきてコーヒー園を経営し、中央高原の冷涼地、霊峰アダムスーピークのふもと近くのディンブラというところに「キャメロンランド」を買い入れた。そして一八八〇年五月八日に、セイロン第一の避暑地ヌワラエリアでなくなったのである。

コールブルックとキャメロンは、一八三一年二月十四日にセイロンを去った。そしてその年の十二月二十四日に、コールブルックは最初の報告書を提出した。それはセイロン統治の管理機構に関する報告書であった。一八三二年の一月三十一日には第二番めのセイロンの歳入に関する報告書を提出した。続いて三月十六日には徴兵制度に関する秘密報告書が、そして五月二十八日には、最後のものとしてセイロンの行政組織と財政支出に関する報告書が提出された。キャメロンはコールブルックが第二報告書を提出した日に、セイロンの司法組織に関する報告書を提出した。

イギリス本国政府の植民省は、コールブルック・キャメロン報告にあらわれた勧告の大部分を採用し、セイロンの知事ロバート＝ウィルモット＝ホートンをして、一八三三年以後に新しいセイロン統治を開始させたのである。

改革の理想

コールブルックは、ラジャカリアに典型的にみられるような封建制度の遺物は、労働力が自由にうごくことを妨げるもので、資本主義的産業の発展にとって障害になると考えた。なぜなら、ラジャカリアはカースト制度を根本において認めるところに成りたつものであって、人々をそれぞれの土地にしばりつけ、職業を変える自由を否定するからである。このような社会的基盤を存続させるかぎり、セイロンが封建社会から近代資本主義社会へと発展することは不可能である。このことはイギリスのセイロン支配を経済的に採算の合わないものにし、かつ、無意味なものにすることになる。まして植民地の人々を非人間的な封建的束縛のもとにおくことは、人道上からみても許されることではない。これがコールブルックの基本的な考えかたであった。なんとベンサム的な思想のにおいが強くただよっていることであろうか。

そこで当然コールブルックは、ラジャカリアの廃絶を中心として、封建勢力による商業利潤の独占禁止と自由企業の承認、それまでは軍人であった知事の文官へのきり変えとその権限の縮小、全島にわたる統一的統治機構の整備などが根本的に重要であると強調した。さらにコーヒー集団栽培の開発によって、農民的農業から商業的・資本主義的農業への進展をはかり、そのことにとって必要な交通手段の発達を促進し、封建社会がそれぞれの地方に分断されて統一を欠いている状態を改めて、中央集権体制の確立に資しようとした。そして、このような新しい植民地機構の実質的なにない手であるはずのセイロンの原住民たちを、全島をあげて精神的に統一する手段として、セイロンでこれまで使用されてきたシンハラ族のことばを、一土俗語の地位におとし、それに代わって英語を公用語とすべきであると勧告した。

このようなコールブルックのセイロン改革の意図をつらぬくものは、すでに産業革命の疾風《しっぷう》怒濤《どとう》をくぐりぬけてきたイギリスの近代ブルジョアジーの自信に満ちた人間観であり、法の前においてすべての人は平等であるという誇り高き信念であった。かれらの理想の前にはすべての民族の特殊性などは無視され、人間はすべて理性をそなえた、平等の世界的市民としてとりあつかわれるべきものであった。そして、ヨーロッパを混乱の極におとしいれたナポレオン戦争が終わりをつげ、ウィーンの列国会議が新しい秩序を回復したとき、あらゆる種類の専制政治は改めて批判の対象としてかれらによって攻撃されたのである。セイロンに対して同情的なイギリスの歴史家ジェフリーズは、次のようにのべている。「ヨーロッパにおける戦争の休止はイギリス国内の世論を変えつつあった。どのように慈悲あるものであろうとも、専制の観念は公共の意識にとって嫌悪されるべきものであった。福音主義的で自由主義的な信念をもつ政治家や官吏が多くでてきて植民地の問題に強い関心を示すようになった」と。コールブルックやキャメロンは、まさにこの「福音主義的で自由主義的」な政治家であったのである。

ところが、このコールブルック・キャメロン改革をセイロン近代化の出発点として高く評価するセイロンの歴史学者G・C・メンディスのような人がいるのに対して、他方には、たとえば、かつてのミネソタ大学教授のレノックス＝A＝ミルズのように、「一八三三年という年は、セイロン統治の歴史のうえで一つの境界線をなすが、それは古いものの一掃と、概していえば賢明ならざる諸改革の導入をみたからである」というようにあまり評価しない学者もいる。ミルズは、セイロンの調査がコールブルックによって指導されたことは「不幸なことであった」とさえのべている。なぜなら、「コールブルックはふつう以上に空理空論をもてあそぶ理想主義者の気味があったし、また、現実の諸条件よりはむしろ、自分自身が頭にえがいた抽象的正義の概念によってうごかされた」からであると。

ベンサムの位置

その歴史的評価がいかなるものであるにせよ、コールブルックとキャメロンの勧告にもとづいて、一八三〇年代の初めにセイロンで行なわれた行政・司法・財政に関する一連のめざましい改革は、たんにセイロン島にかぎられた、一つの地方的な興味の対象であるばかりではなく、それはもっと大きな世界史的な意味をもつものである。すなわち、これらの改革は、主としてヨーロッパおよびイギリス本国における、政治・経済・社会・思想の発展に負うものであり、かつ、中世封建的な社会・経済体制におおわれた南アジアの小島セイロンが、それから約百二十年後に独立を達成しえたことの出発点となったものである。その意味では、この改革は、アジア史のうえからみても重要なものであるといわなければならない。

イギリスの歴史を研究する者は、これらのセイロンにおける改革を、当時のイギリスがその従属国に対してとった態度をみごとに示す証拠として、興味をもってながめることができるであろう。コールブルック改革は、ほぼ一八二二年から一八三四年ころにかけておこった、イギリスの植民地政策における根本的変化を洞察するためのカギを提供するものにほかならない。すでにのべたように、それらは、自由主義・人道主義・福音主義などの立場からなされたもろもろの運動のいきつく結果を示すものであった。そして、これらの運動に基礎的な理論をあたえた思想家・学者の群像のなかに、わがジェレミー＝ベンサムの名がみいだされるのである。いな、ベンサムこそは十九世紀初頭から前半にかけての、イギリスの内政と植民地政策の変革の代表的理論家であった。かれの周辺に集まった秀才たちの手で、行政・立法・司法・貿易・産業、そして教育の面にいたるまで、「徹底的」な改革が実施の方向へと向けられはじめたのである。かれらは、自分たちが理想とした諸制度こそ、どこへもっていっても妥当なものであって、いろいろの植民地の社会・経済的条件のちがいにかかわりなく、どの植民地にも適用できるのだという確固たる信念をもっていた。

ジョン＝スチュアート＝ミルは、父からうけた教育をふりかえって、父ジェームズ＝ミルの労作『インド史』（一八一八）が、いかにすぐれた書物であるかということを書いている（『自伝』）が、この『インド史』は、ジョンのいうところによれば、「当時過激と目されていた民主的急進主義の意見や判断のしかたで満ちあふれており、かつ、イギリスの憲法やイギリスの法律や、また、イギリスにおいてなにかひとかどの勢力をもっているすべての政党や階級に対して、当時としては異例に属するほどのきびしい態度をもって批判をくだした」ものであった。もちろんこの書物は、東インド会社のやりかたを批判し、その商業上の特権を非難し、イギリスのインド統治の改善の方向を提案したものである。ジェームズ＝ミルが、ベンサムとあい知ったのは一八〇八年のことであった。それ以来十年の歳月の研究がうみおとしたこの『インド史』の基本的精神は、ベンサムのそれであるといっても過言ではないであろう。なぜなら、ジョンがいうように、『インド史』の著者は「ベンサムの倫理学・政治学・法律学についての一般的見解を徹底的に理解し、その大筋《おおすじ》において採用した多少とも名のとおったイギリスの紳士のなかでは最もはやい時期の一人」であったからである。

セイロンの首都コロンボから、セイロン最後の王国の都であったキャンディーの町へ通ずる国道一号線七十二マイルの区間はきれいに舗装されていて、急斜面を曲がりくねりながら中央高原へとのぼっていく。コロンボの中央停車場フォート駅から、キャンディーに向かうセイロンの国有鉄道もまた、山腹をきりひらいた崖《がけ》とトンネルを過ぎて、あえぎながら東のかたへと蛇行《だこう》していく。わたしはバスのなかで、あるいは汽車の窓辺《まどべ》で、これらの交通の大動脈を建設するのに、どのくらいの現地人の汗と血と涙がながされたであろうかと考えずにはいられなかった。しかも、道も汽車も結局イギリスのセイロン統治と植民資本の発展に奉仕したにすぎなかったではないか。貧困にうちひしがれたセイロン国民の、うつろな目がわたしの心につきささる。だが、このことを理由として、われわれは、ベンサム主義者たちの思想と熱情が果たした歴史的な役割を評価しないでよいだろうか。コールブルックとキャメロンの二人は今なおセイロンの現実のなかに生きている。このことは、ベンサムもまたセイロンにおいて生きていることを意味しはしないだろうか。いや、ベンサムはアジア諸国の近代化の問題を考える場合には、よかれあしかれ、一度は回想されるべき理論的視点を提供しているのである。

ジェレミー＝ベンサム年譜

西暦	年齢	年譜	背景をなす社会的事件、ならびに参考事項
一七四八年		二月十五日、ロンドンに生まれる	ヒューム『人間悟性論』 モンテスキュー『法の精神』
五一	三歳	父からラテン語をならう	ヒューム『道徳原理研究』
五三	五	「哲学者」というあだ名をつけられる	
五五	七	ウェストミンスター－スクールに入学 フェヌロンの『テレマコスの冒険』を読む	ハチソン『道徳哲学の体系』
五六	八		七年戦争（〜一七六三）
五七	九	弟のサムエル＝ベンサム生まれる	
五九	一一	母アリシア＝グローブ死す	大英博物館開館 スミス『道徳情操論』
六〇	一二	オクスフォード大学クィーンズ－カレッジに入学	
六二	一四		ウィルクス事件 ルソー『社会契約論』『エミール』

六三	一五	オクスフォード大学卒業、文学士の称号をえる リンカーン法学院で法律の実務的勉強を始め、マンスフィールドに私淑する オクスフォード大学でブラックストーンの講義を聞く	
六四	一六	父とともにフランスに小旅行をする	ベッカリア『犯罪と刑罰』
六五	一七		ワット蒸気機関発明、産業革命本格化 ブラックストーン『イギリス法註釈』四巻（〜一七六九）
六六	一八	父再婚する オクスフォード大学で文学修士の称号をえる	
六八	二〇		アークライト紡績機械発明 第一次露土戦争（〜一七七四） プリーストリー『政治の第一原理』
六九	二一		ジューニアス事件
七〇	二二	マンスフィールドを弁護する文章を新聞に発表 フランスへ旅行、主としてパリに滞在	
七二	二四	リンカーン法学院で法廷弁護士の資格をえる このころから、法律哲学・政治学などの研究に力をいれ	

七四年	二六歳	はじめる	第一次露土戦争終結。ロシア、黒海に進出
七五	二七		ウィルクス、ロンドン市長に当選 アメリカ**独立戦争**（～一七八三）
七六	二八	**『政府論断章』**を匿名で出版 シェルバーン卿（ランスダウン侯）の知遇をえて、バウッドにある同卿のやかたの常連の客となる 法律学の批判的研究すすむ	アメリカ「独立宣言」 スミス**『国富論』** ヒューム死す
七八	三〇	「重労働法案管見」	
八〇	三二		ジョージ＝ゴードン事件
八一	三三		カント『純粋理性批判』
八五	三七	フランス・イタリア・コンスタンチノープル経由でロシアへいき、弟のサムエルの家に滞在、ドニエプル川流域のクリチェフに住む（～一七八七）	「ロンドン－タイムズ」発刊 ペーレー『道徳哲学および政治哲学の原理』
八七	三九	**『高利弁護論』**	アメリカ合衆国憲法
八八	四〇	ロシア旅行から帰る	カント『実践理性批判』
八九	四一	**『道徳および立法の原理序論』**	**フランス革命**（～一七九五） 人権宣言

九〇	四二	このころ下院議員になる意志をもったが、シェルバーン卿の協力をえることができずに断念する	カント『判断力批判』
九一	四三	**『パノプティコン——監察館』**	
九二	四四	名誉フランス市民におされる 父死す、遺産をもらう	
九三	四五	フランス国民議会に「諸君の植民地を解放せよ」を提議	第一回対仏大同盟（〜一七九七）
九五	四七	「司法関係税反対論」	
九六	四八		イギリス、セイロン島海岸地帯占領
九七	四九	「救貧法および貧困者の取扱い」（アーサー＝ヤング年報）	
九八	五〇	『経済学便覧』	
九九	五一		第二回対仏大同盟（〜一八〇四）
一八〇〇	五二	オーエンの事業に投資する	オーエン、**ニュー－ラナーク**の紡績工場の総支配人となる
〇一	五三		イギリス、アイルランド議会を合併
〇二	五四	「パノプティコン対ニュー－サウス－ウェールズ」 『民事および刑事立法綱要』（デュモン編、仏語）	
〇三	五五	『憲法弁護論』	
〇四	五六		ナポレオン、フランス皇帝となる

一八〇五年	五七歳		第三回対仏大同盟
〇六	五八		ナポレオン、大陸封鎖令 ジョン=スチュアート=ミル生まれる
〇七	五九		ヘーゲル『精神現象学』
〇八	六〇	ジェームズ=ミルを知る 避寒のためにメキシコいきを計画したが断念 『スコットランド改革』	ゲーテ『ファウスト』第一部
一〇	六二	このころからベンサムの文体は悪化する	
一一	六三	『刑罰および報酬の理論』（デュモン編、仏語）	ベル、貧民教育振興全国協会を結成
一二	六四		ナポレオン、ロシア遠征 英米戦争（〜一八一五） ヘーゲル『論理学』
一三	六五	パノプティコン計画は最終的に放棄される ミル父子をともない南部イギリス地方を旅行する	第四回対仏大同盟（自由大戦争〜一八一五）
一四	六六	ミル一家ロンドン、クィーンズ=スクエアーのベンサムの持家に住む（〜一八一七）。フォード僧院を別荘にする	ウィーン会議（〜一八一五）
一五	六七		ヨーロッパの秩序回復 イギリス穀物法

一六	六八	『議会戦術と政治的詭弁』（デュモン編、仏語） 『**クレストマティア**』	イギリス、セイロンを完全支配
一七	六九	弁護士協会の会員となる 『**議会改革問答**』『行為の動機一覧表』（ジェームズ=ミル編）『宣誓無用論』『法典化および公教育論集』	ヘーゲル『エンチクロペディー』
一八	七〇	議会改革決議案の草案作成、バーデット下院に提出せるも否決される 「イギリス国教会とその教義問答吟味」	ジェームズ=ミル『**インド史**』
一九	七一	『急進的改革法案、解説付き』	ピータールー事件
二一	七三	『スペイン・ポルトガル問題三論』 『新聞の自由について』	ジェームズ=ミル『経済学綱要』
二二	七四	『フィリップ=ビウチャンプ、人類の現世的幸福に対する自然宗教の影響の分析』（グロート編）	
二三	七五	『**ウェストミンスター評論**』発刊 『法典化提案』『ポールにあらずしてイエスなり』 『誤謬の書』（ビンガム編）	J・S・ミル、功利主義者協会結成

一八二三年	七五歳	『裁判証拠綱要』 『裁判構成と法典化について』 （デュモン編、仏語）	
二五	七七	湿疹治療のためパリにいく、旧友ラファイエットに会う 『報酬の理論的根拠』	
二六	七八	『ハンフリー氏不動産法』 ロンドン大学創設委員の一人として活躍	イギリス、海峡植民地確保 ロンドン大学創設
二七	七九	『証拠の理論的根拠』（J・S・ミル編）	
三〇	八二	『憲法典』『刑罰の理論的根拠』	フランス七月革命
三一	八三	弟のサムエル＝ベンサム死す 『官吏能力の最大化と出費の最小化』	
三二	八四	六月六日ロンドンにて死す	**第一次選挙法改正**
三四		『義務論――道徳の科学』（バウリング編）	
三八		『ベンサム著作集』（バウリング編、～一八四三）	
七六		『立法の理論』（デュモン編の仏語版から英訳）	

参考文献

わが国では、ベンサムの名が知られているわりには、ベンサムを本格的に研究した著書は非常に少ない。ベンサムの原著の日本語訳もほとんどない。一般の傾向として、功利主義の歴史的研究に含ませてベンサムをその代表者の一人として取り扱うということが多い。あるいは、イギリス哲学史やイギリス思想史のなかでベンサムにふれる程度である。諸君はまず、一般の哲学史か倫理学史、あるいは倫理思想史か社会思想史などを読んで、ベンサムのだいたいの位置の見当をつけたら、かれの主著『道徳および立法の原理序論』を読まれるのがよい。これだけは日本語の訳がある（『世界大思想全集』二四、ベンサム功利論、ミル自由論他　春秋社　昭3）。このほかにも新しい訳が企画されているようである。それと平行して次の参考書を読まれよ。現在求めやすいか、または、基本的なものだけをあげておく。

ベンサム功利説の研究　山田孝雄　大明堂　昭35
これはわが国のベンサム研究書としてほとんど唯一の労作である。
社会思想家評伝　河合栄治郎　日本評論社　昭21
社会思想史研究　河合栄治郎　日本評論社　昭24
イギリス政治思想 Ⅲ
W・L・デイヴィッドスン　岩波書店　昭28
以上は功利主義思想家の列伝的解説書である。なお、ジョン゠スチュアート゠ミルの『自伝』（岩波文庫）は、われわれがベンサムについて勉強しようとするときにはどうしても念をいれて読まなければならないものの一つである。この意味で次のものはよい参考になる。
J・S・ミル（人と思想）
菊川忠夫　清水書院　昭41

さくいん

―完―

ベンサム■人と思想16　　定価はカバーに表示

1967年5月15日　第1刷発行©
2014年9月10日　新装版第1刷発行©

・著　者 ……………………………山田《やまだ》　英世《ひでお》
・発行者 ……………………………渡部　哲治
・印刷所 ……………………法規書籍印刷株式会社
・発行所 ……………………株式会社　清水書院

〒102-0072　東京都千代田区飯田橋3-11-6
Tel・03(5213)7151〜7
振替口座・00130-3-5283
http://www.shimizushoin.co.jp

検印省略
落丁本・乱丁本は
おとりかえします。

CenturyBooks

Printed in Japan
ISBN978-4-389-42016-1

清水書院の〝センチュリーブックス〟発刊のことば

近年の科学技術の発達は、まことに目覚ましいものがあります。月世界への旅行も、近い将来のこととして、夢ではなくなりました。しかし、一方、人間性は疎外され、文化も、商品化されようとしていることも、否定できません。

いま、人間性の回復をはかり、先人の遺した偉大な文化を継承して、高貴な精神の城を守り、明日への創造に資することは、今世紀に生きる私たちの、重大な責務であると信じます。

私たちがここに、「センチュリーブックス」を刊行いたしますのは、人間形成期にある学生・生徒の諸君、職場にある若い世代に精神の糧を提供し、この責任の一端を果たしたいためであります。

ここに読者諸氏の豊かな人間性を讃えつつご愛読を願います。

一九六六年